Markus Priemer

Audacity kompakt

das Anwenderhandbuch

mit Unterstützung und einem Vorwort von Markus Meyer

© 2008 bomots verlag

Herausgeber: Dr. Holger Reibold

Umschlaggestaltung: bomots verlag

Satz: bomots verlag

Cover: Photocase/Sascha Duffner

Druck: COD

ISBN: 978-3-939316-23-7

Inhaltsverzeichnis

6

Vorwort

Liebe Leserin, lieber Leser,

in Taylor Hackfords großartigem Film „Ray", der vom Leben des Musikers Ray Charles handelt, wird der gerade berühmt gewordene Protagonist Mitte der 60er-Jahre des vergangenen Jahrhunderts durch die neu errichteten Aufnahmestudios seiner Plattenfirma geführt. Ein Repräsentant des Labels zeigt ihm die für damalige Verhältnisse hervorragende Ausstattung mit der Bemerkung „Nur die modernste Technik! Tom Dowd hat ein 8-Kanal-Mischpult eingebaut...". Dass diese Szene, als ich den Film im Jahr 2005 im Kino sah, einige Besucher erheiterte, belegt die immensen technischen Fortschritte der Aufnahmetechnik in den vergangenen 50 Jahren.

Heute sind wir mit geringstem finanziellen und technischen Aufwand in der Lage, Musik- und Sprachaufnahmen in hervorragender Qualität zu erstellen und diese auf eine Audio-CD zu brennen oder über das Internet zu verteilen. Dabei können Nutzer nicht nur mit dem Mikrofon aufnehmen, sondern auch auf vorhandene Inhalte zurückgreifen – ein Song aus dem Internet wird so zum Klingelton im eigenen Handy, eine Mozart-Sinfonie wird dem eigenen Podcast hinterlegt und aus dem Lied des Lieblingssängers entsteht eine Karaoke-Version für die nächste Geburtstagsfeier. Eine ganze Generation des Internets, das Web 2.0, lebt nur von den Inhalten der Nutzer und deren Kreativität. So entsteht eine Kultur des Wiederverwendens und Neuerschaffens, eine ungeahnte Kreativitätsressourcen freisetzende „Cut-and-Paste-Kultur, ermöglicht durch Technik", wie sie der amerikanische Rechtswissenschaftler Lawrence Lessig in seinem Buch „Freie Kultur – Wesen und Zukunft der Kreativität" beschreibt.

Teil dieser Kultur der Kreativität ist die Audiobearbeitungssoftware Audacity. Dieses auf der Internet-Plattform SourceForge.net unter der GPL-Lizenz als sogenannte Open-Source-Software veröffentlichte Programm erlaubt dem Nutzer nicht nur die kostenlose Verwendung und Weitergabe der Applikation, sondern ermöglicht auch jedem, den Quelltext der Software einzusehen und somit das Werkzeug selbst zu erweitern und anzupassen. Vom ursprünglichen Autor der Software, Dominic Mazzoni, lediglich für die Verfahrensanalyse im Rahmen eines Universitätsprojekts an der Carnegie Mellon-Universität gedacht, wurde aus dem Programm seit seinen Anfängen im Jahr 1999 schnell ein ernst zu nehmender Editor für Audiodaten aller Art, der unter den Betriebssystemen Windows, Linux und Mac OS gleichermaßen läuft.

Inzwischen hat sich Audacity vom Geheimtipp zur wohl bekanntesten Software ihrer Art überhaupt entwickelt. Seit der Veröffentlichung der ersten Version von Audacity wurde das Programm allein von der offiziellen Homepage über 40 Millionen Mal heruntergeladen. Weiterhin ist die Software auf unzähligen Download-Seiten im Internet verfügbar und wird auf Heft-CDs von Computerzeitschriften in aller Welt mitgeliefert. Eine Google-Suche nach „audio editor" führt direkt zur Audacity-Homepage. Dabei ist Audacity inzwischen nicht mehr das einzige kostenlos erhältliche Programm für die Bearbeitung von Audio-Dateien, wird aber dennoch von vielen Nutzern bevorzugt, welche beispielsweise die einfache und intuitive Bedienung schätzen. Bei aller Popularität wird Audacity nach wie vor von Freiwilligen in ihrer Freizeit weiterentwickelt. Ich selbst bin nun seit dem Jahr 2003 Teil dieses angenehmen Teams engagierter Software-Entwickler aus aller Welt.

Mit diesem Buch möchten wir Ihnen alle Informationen an die Hand geben, die Sie benötigen, um Audacity sinnvoll einsetzen zu können. Der Autor Markus Priemer hat großen Wert darauf gelegt, Ihnen einen Überblick über die Bedienung des Programms zu geben und dennoch jede Funktion im Detail zu beschreiben. Weiterhin finden Sie interessante Hintergrundinformationen, beispielsweise zur Mikrofontechnik, sowie einige Schritt-für-Schritt-Anleitungen.

Ob Sie nun in einer Band spielen und Ihre Aufnahmen mit Audacity bearbeiten möchten oder als Journalist, Redakteur oder Podcaster Audacity für das Schneiden von Interviews und Beiträgen verwenden, Sie befinden sich in guter Gesellschaft. Klar: Eine kostenlose Software ersetzt weder den Gesangsunterricht noch ein Studium der Tontechnik. Aber Audacity ist ein Werkzeug, mit dem Menschen ihrer Kreativität Ausdruck geben können. In diesem Sinne wünsche ich Ihnen viel Spaß und Erfolg beim Lesen dieses Buchs.

Ihr

Markus Meyer

Markus Meyer, Diplom-Informatiker, wurde 1979 geboren und ist seit 2005 Mitglied des „Audacity Technical Leadership Council", das für die Weiterentwicklung von Audacity verantwortlich ist. Er ist Geschäftsführer eines Software-Ingenieurbüros und lebt und arbeitet in Nürnberg. Sie können ihn unter der E-Mail-Adresse markus@audacityteam.org erreichen.

1 Einleitung

Die folgende Einleitung soll all jenen dienen, die nicht mit den grundlegenden Begriffen und Verfahren im Bereich Audiotechnik vertraut sind. Dabei wird nur ein sehr grober Überblick gegeben, der dabei helfen soll, ein Grundverständnis zu schaffen. Grundsätzliche physikalische Zusammenhänge und die damit zusammenhängenden Begriffe helfen später nicht nur dabei das Programm Audacity und die damit umsetzbaren Arbeiten besser zu verstehen, sondern in vielen Fällen tatsächlich auch, bessere Ergebnisse zu erzielen. Angefangen von analogen Schallwellen soll ein Bogen bis hin zur digitalen Audioaufnahme gespannt werden. Zusätzlich wird in diesem Kapitel noch ein Blick auf die Kompression von Audiodaten und die Mikrofontechnik geworfen.

1.1 *Töne, Schall und Audio digital*

Töne sind Schallwellen, die physikalisch betrachtet aneinandergereihte Luftdruckschwankungen darstellen. Als Töne bezeichnen wir dabei nur die von uns Menschen hörbaren Schallwellen mit Frequenzen von ca. 16 bis 20.000 Hz bzw. 20 KHz. Die Frequenz gibt dabei an, wie häufig die Schallwelle pro Sekunde schwingt. Zugleich bestimmt die Frequenz auch die physikalische Länge der Schallwelle. Die Formel hierzu lautet:

$$\frac{Schallgeschwindigkeit}{Frequenz} = L\ddot{a}nge\ der\ Schallwelle$$

Die Schallgeschwindigkeit jedoch ist abhängig von dem Medium, in dem sich die Schallwellen ausbreiten. Maßgebliche Eigenschaften sind dabei die Massendichte und die jeweilige Temperatur. In einem Vakuum kann sich Schall mangels Medium nicht ausbreiten.

In der Luft beträgt die Schallgeschwindigkeit bei 15 Grad Celsius beispielsweise ca. 340 m/s und nimmt bei fallender Temperatur beständig ab. Keinerlei Einfluss auf die Schallgeschwindigkeit hat dagegen der Luftdruck, obwohl dies fälschlicherweise oft angenommen wird.

Medium	Temperatur	Schallgeschwindigkeit
Luft	15 Grad Celsius	340 m/s
Luft	0 Grad Celsius	331 m/s
Wasser	20 Grad Celsius	1484 m/s
Aluminium	20 Grad Celsius	5100 m/s

Beispiele von Schallgeschwindigkeiten.

Das für den Menschen wichtigste Transportmedium für den Schall ist die Luft. Bei einer Temperatur von 15 Grad Celsius ergeben sich exemplarisch die folgenden Wellenlängen. Andere Frequenzen lassen sich nach oben erwähnter Formel ebenfalls einfach berechnen.

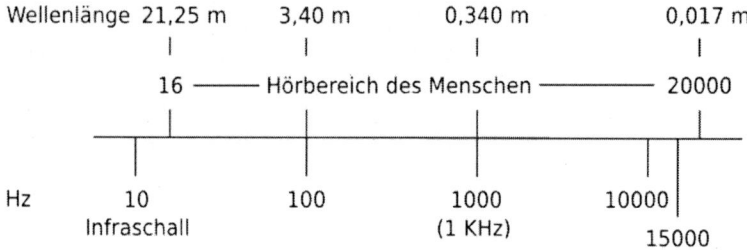

Wellenlängen verschiedener Frequenzen.

Unterhalb der für den Menschen hörbaren 16 Hz angesiedelte Schallwellen werden Infraschall genannt. Diese werden sehr wahrscheinlich von Blauwalen, Elefanten und Giraffen zur Kommunikation genutzt.

Auf der anderen Seite der Skala, im für Menschen unhörbaren Bereich ab ca. 20 KHz (20.000 Schwingungen pro Sekunde) bis 1 GHz (1 Milliarde Schwingungen pro Sekunde) werden die Schallwellen Ultraschall genannt. Dabei sind die Verwendungsmöglichkeiten für diese Schallwellen äußerst breit gefächert. So wird Ultraschall beispielsweise in der Medizin als bildgebendes Diagnosemittel oder zur Zahnsteinentfernung und Nierensteinzertrümmerung genutzt, in der Schifffahrt wird er zur Messung von Wassertiefen, zur Ortung von Fischschwärmen und zur

Navigation verwendet sowie in der Werkstofftechnik bspw. zur zerstörungsfreien Materialprüfung.

Aber kehren wir wieder zu den vom Menschen hörbaren Schallwellen zurück. Viele Medien beschränken sich auf einen zum Hören oder zur Verständigung notwendigen Frequenzbereich. Zum einen hat dies ganz praktische Gründe, beispielsweise um eben auf einer CD genügend Stücke unterzubringen, oder im Bereich der Telefonie, weil es einfach auch preisgünstiger ist, ein Mikrofon bzw. einen Lautsprecher zu bauen, der nur einen relativ kleinen Frequenzbereich aufnimmt oder wiedergibt.

Hier einige Beispiele:

Medium	Sample-frequenz	Frequenz-bereich	Kanäle	Sampleformat
Telefon	8 kHz	300 - 3400	mono	8 bit
AM Radio	11,025 kHz	50 - 5000	mono	8 bit
FM Radio	20,05 kHz	20 - 15000	stereo	16 bit
CD	44,1 kHz	20 - 20000	stereo	16 bit
DAT-Rekorder	48 kHz	20 - 20000	stereo	16 bit
Audio-DVD	44,1 bis 192 kHz	20 - 20000	stereo oder bis max. 6 Kanäle	16, 20 oder 24 bit

Die Entwicklung der Digitaltechnik brachte schließlich die Unterscheidung von analogen und digitalen Signalen.

Nehmen Sie z. B. analoge Töne wie Sprache oder Gesang über ein Mikrofon mittels Kassettenrekorder auf, so bleibt das Ergebnis analog. Das analoge Signal kann dabei jeden möglichen Wert einer bestimmten Skala einnehmen.

Speichern Sie ein Audiosignal hingegen mithilfe eines Computers, so wird das Signal digitalisiert, also in diskrete, d. h. ganzzahlige Zahlenwerte umgewandelt, wobei der Analog-Digital- und zur Rückumwandlung der Digital-Analog-Wandler (A/D, D/A-Wandler) zur Anwendung kommt, die sich beide auf der Soundkarte befinden.

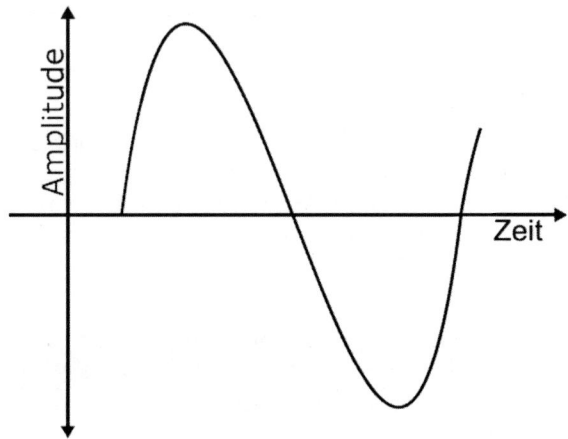

Beispiel eines analogen Signals.

Bei diesem Vorgang, der auch Quantisierung heißt, wird das analoge Signal in bestimmten Intervallen (der sogenannten Sampling-Rate oder auch Abtastfrequenz) gemessen und in einen diskreten Wert umgewandelt. Im folgenden Bild steht jeder senkrechte Strich für einen solchen Abtastvorgang.

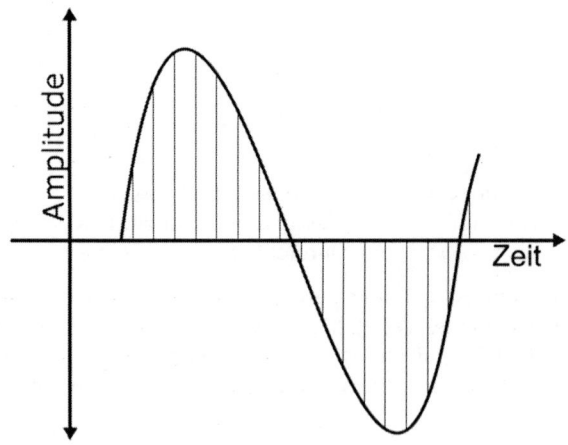

Abtasten des analogen Signals.

Der ermittelte Wert wird durch Auf- bzw. Abrunden dem nächsten Rasterwert zu-geordnet. Die Ansicht der gemessenen und der gewandelten Werte zeigt deutlich, welchen Nachteil diese Methode hat. Die waagerechten Striche sind hierbei die ge-wandelten Rasterwerte.

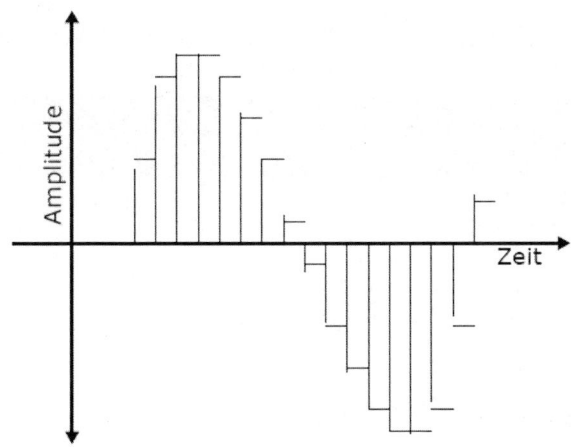

Auf- bzw. Abrunden der Messergebnisse auf vorgegebene Rasterwerte.

Die Differenz zwischen ermitteltem Wert und dem nächstmöglichen Rasterwert stellt den Quantisierungsfehler dar. Dieser Fehler entsteht dadurch, dass der abge-tastete Wert des Signals nicht immer exakt auf einem der vorgegebenen Werte des verwendeten Rasters liegt und deshalb gerundet werden muss. Hierbei kommt es dann zu minimalen Abweichungen des Digitalsignals zum Originalsignal.

Die Vorteile der Digitalisierung liegen jedoch auf der Hand: Digitale Daten sind wesentlich einfacher zu be- und verarbeiten, unterliegen keinem Alterungsprozess und können zudem beliebig oft ohne Qualitätsverlust kopiert werden. Die Daten können in digitaler Form über Komprimierungsverfahren auch äußerst effizient ge-speichert oder über das Internet weltweit verfügbar gemacht werden.

Beim Digitalisieren wird die Amplitude bzw. das Volumen des Audiosignals mit einer bestimmten Häufigkeit abgetastet und die dabei ermittelten Werte abgespei-chert. Die pro Sekunde durchgeführten Abtastvorgänge werden als Sampling-Rate bezeichnet. Audio-CDs haben bspw. eine Sampling-Rate von 44,1 KHz. Das heißt, dass 44100-mal pro Sekunde das Audiosignal abgetastet und die dabei ermittelten Werte gespeichert werden.

Die zweite wichtige Größe bei der Digitalisierung von analogen Signalen ist das Sampleformat, auch Sampletiefe genannt. Sie gibt praktisch die Größe der Skala bzw. des Rasters vor, in dem die Umwandlung in Zahlenwerte stattfindet, und bestimmt somit die Anzahl möglicher Abstufungen. Bei der schon angesprochenen Audio-CD wird normalerweise eine Sampletiefe von 16 Bit verwendet, womit exakt 65536 verschiedene Werte darstellbar sind.

Sampleformat oder Sampletiefe	Mögliche Werte
4 bit (2^4)	16
8 bit (2^8)	256
16 bit (2^{16})	65536
24 bit (2^{24})	16777216
32 bit (2^{32})	4294967296
48 bit (2^{48})	281474976710656
96 bit (2^{96})	79228162514264337593543950336

Gängige Sampletiefen.

Je höher die Sampletiefe gewählt wird, desto größer ist zum einen der Speicherbedarf und zum anderen aber auch der Dynamikumfang, also der Unterschied zwischen dem leisesten und dem lautesten Ton. Bei 16 bit Stereo beträgt der Dynamikumfang z. B. rund 96 dB (ca. 6 dB pro bit Sampletiefe). Gleichzeitig verringert sich mit höherer Sampletiefe der Quantisierungsfehler in Bezug auf das Originalsignal.

Das Nyquist-Shannon-Abtasttheorem belegt zudem den direkten Zusammenhang zwischen Samplerate und Frequenzbereich und besagt, dass die Abtastfrequenz mindestens doppelt so hoch sein muss, wie die maximal darstellbare Frequenz:

$$Max.\, darstellbare\, Frequenz = \frac{Samplerate}{2}$$

Die maximal darstellbare Frequenz orientiert sich wiederum am Empfänger, also am für den Menschen hörbaren Frequenzbereich. Für CDs wurde deshalb eine Samplerate von 44,1 kHz festgelegt, sodass sich ein maximales Frequenzsignal von 22,5 kHz ergibt, welches sich bereits jenseits der menschlichen Wahrnehmung von maximal 20 kHz befindet.

Über die Verwendung mehrerer Kanäle ist es zusätzlich möglich, einen Raumklang zu erzeugen, was bei Monoaufnahmen mit lediglich einem Kanal nicht möglich ist. Stereoaufnahmen verwenden zwei getrennte Kanäle, die bei der Wiedergabe in einem rechten und einem linken Lautsprecher ausgegeben werden. Noch weitere Kanäle verwendet bspw. die Quadrophonie (Vierkanalstereofonie) oder Dolby Surround (Mehrkanal-Tonwiedergabe mit fünf Lautsprechern) und 5.1-Audio mit sechs Kanälen.

Nehmen wir als Beispiel wieder die normale Audio-CD: Bei einer Abtastrate von 44,1 kHz und eine Sampletiefe von 16-Bit sowie 2 Kanälen für den Stereoeffekt, errechnet sich die Datenrate wie folgt:

$$(44.100 * 16) * 2 = 1.411.200 \, bit/s$$

Unkomprimiert benötigt eine Audioaufnahme also recht viel Speicherkapazität. Eine dreiminütige Aufnahme braucht in CD-Qualität bereits rund 30 MB Speicherplatz. Dies entspricht bspw. dem Datenumfang von etwa 6000 Seiten Text oder der Kapazität von mehr als 20 Disketten. Vor wenigen Jahren noch waren Computer mit solchen Datenmengen schlicht überfordert.

1.2 *Audiodaten und Kompression*

Audio zu speichern kann also - wie Sie im letzten Punkt sehen konnten – extrem speicherintensiv sein, weshalb mit verschiedenen Methoden versucht wird, diese Daten zu komprimieren. Zum einen spart dies Speicherplatz, zum anderen kann so aber auch effizienter mit den Daten gearbeitet werden. Algorithmen zum Komprimieren von digitalen Daten bspw. von Filmen oder Dokumenten suchen dabei meist nach Wiederholungen, um den Bereich der Wiederholungen zu beschreiben und so Speicherplatz zu sparen. Da bei Musik der Fall einer identischen Wiederholung selten vorkommt, sind Audio-Dateien eher schlecht komprimierbar.

Die meisten verlustfreien Kompressoren setzen daher eine prädiktive Codierung ein, bei der eine Vorhersage der Amplitude getroffen und dann die tatsächliche Abweichung zur Voraussage gespeichert wird. Die dabei erreichbare Kompression ist jedoch stark von den jeweiligen Audiodaten selbst abhängig und beträgt im Schnitt ca. 25 – 70 % des Originals, während es die verlustbehaftete Kompression mit der entsprechenden Datenreduktion auf bis zu ca. 10 % des Originals bringt, ohne dass für den Menschen Qualitätsunterschiede feststellbar wären.

Das beliebteste verlustbehaftete Audioformat ist zweifellos MP3, das vom Frauenhofer Institut in Zusammenarbeit mit den Firmen AT&T, Bell Labs und Thomson entwickelt wurde. Dieses Verfahren, das mittlerweile qualitativ von anderen Formaten wie Vorbis oder AAC überholt wurde, bedient sich der Datenreduktion, indem nicht bzw. fast nicht hörbare Frequenzbereiche genauso weggelassen werden wie sich überlagernde Frequenzen oder Sequenzen mit Lautstärkenänderungen (bspw. leise Töne, die direkt Sequenzen mit sehr großen Lautstärken folgen), die das menschliche Gehör nicht mehr voneinander trennen bzw. nicht wahrnehmen kann.

Die wichtigsten Audio-Dateiformate für die Arbeit mit Audacity werden am Ende des Buchs im Glossar näher vorgestellt.

1.3 *Über das Mikrofon direkt auf den Rechner*

Am Anfang der digitalen Audiobearbeitung steht meist die Aufnahme von Sprache, Musik und Geräuschen über ein Mikrofon. Alles, was Sie für das direkte Aufnehmen von Audio auf Ihren Rechner brauchen, ist das Programm Audacity, eine Soundkarte und ein Mikrofon.

Fehler, die hier am Anfang des Arbeitsprozesses gemacht werden, sind in aller Regel später meist nur sehr schwer oder gar nicht mehr zu beheben. Deshalb kommt der Aufnahme selbst und der damit verbundenen Mikrofonauswahl entscheidende Bedeutung zu. Zunächst zu den Mikrofonen, deren moderne Vertreter in drei Hauptkategorien unterteilt werden können:

- Dynamische Mikrofone (Tauchspulenmikrofone)

- Kondensatormikrofone

- Elektret-Kondensatormikrofone (Variante des Kondensatormikrofons)

Gemein haben diese Mikrofonarten, dass sie über eine mechanisch schwingende Membran Schallwellen in elektrische Schwingungen wandeln. Beim dynamischen Mikrofon geschieht die Wandlung über die Bewegung einer Schwingspule in einem Magnetfeld. Dies wird auch Induktionsprinzip genannt. Dabei können dynamische Mikrofone enorme Schalldrücke aushalten, ohne zu verzerren und sind daher sehr beliebt bei Live-Auftritten und zur Aufnahme lauter Instrumente wie bspw. Bass Drums und Trompeten. Begünstigt wird dies dadurch, dass sie im Gegensatz zu Kondensatormikrofonen keine Stromversorgung benötigen.

Nachteilig wirkt sich jedoch das höhere Membrangewicht aus, das eine schlechtere Impulsübertragung und ein längeres Nachschwingen zur Folge hat. Dies wiederum wirkt sich negativ auf den Frequenzgang aus, der nicht wie bei Kondensatormikrofonen nahezu linear verläuft, sondern meist im unteren und oberen Frequenzspektrum abfällt. Auch das Frequenzspektrum dynamischer Mikrofone selbst ist meist geringer als das von Kondensator- und Elektretmikrofonen.

Kondensatormikrofone sind die typischen Studio- bzw. Sprechermikrofone. Wollen Sie Audacity bspw. für das Podcasting verwenden, so ist ein Kondensator-Mikrofon zu empfehlen. Diese kommen praktisch immer dann zum Einsatz, wenn eine möglichst getreue Aufnahme des Originalklangs erwünscht ist. Etwas nachteilig ist der bereits erwähnte Umstand, dass Kondensatormikrofone für die Ladung der Membran und den Vorverstärker eine Versorgungsspannung benötigen. Bei Bühnen-Mikros wird dieses Problem oft durch eine 9-Volt-Batterie gelöst, während im Studiobereich das Mikrofon über eine sogenannte Phantomspeisung, meistens eine 48-Volt-Gleichspannung, über die Tonadern mit Strom versorgt wird.

Das Elektret-Kondensatormikrofon ist eine Form des Kondensatormikrofons, bei dem die Schallübertragung mitmilfe einer Elektretfolie erfolgt, die sich zwischen den Kondensatorplatten befindet. Diese Art von Mikrofonen hat aufgrund der sehr kompakten Bauweise und der preiswerten Fertigung heute die größte Verbreitung und begegnet uns in vielen Geräten wie (Mobil-)Telefonen, Gegensprechanlagen, Laptops, Babyphones oder auch Hörgeräten.

Ein ganz wichtiger Aspekt ist die Richtcharakteristik eines Mikrofons, die darüber Auskunft gibt, wie gut der Schall aus den verschiedenen Richtungen aufgenommen wird. Einige moderne Kondensatormikrofone bieten bereits als besondere Ausstattung eine wählbare Richtcharakteristik an. Hierbei wird generell zwischen vier verschiedenen Grundcharakteristiken unterschieden:

- **Kugelcharakteristik**: Diese Mikrofone nehmen aus allen Richtungen den Schall gleich gut auf. Diese Art von Mikrofonen werden auch als ungerichtet bezeichnet und vorwiegend für die Aufnahme von Hintergrundatmosphäre oder im Studio verwendet.

- **Achtcharakteristik**: Mikrofone dieser Richtcharakteristik werden auch „Achtmikrofone" genannt. Dabei handelt es sich um Druckgradientenempfänger, bei denen der Schall sowohl von vorn als auch von hinten auf die Membran treffen kann. Durch konstruktive Änderungen können jedoch auch nierenförmige Richtcharakteristiken erreicht werden.

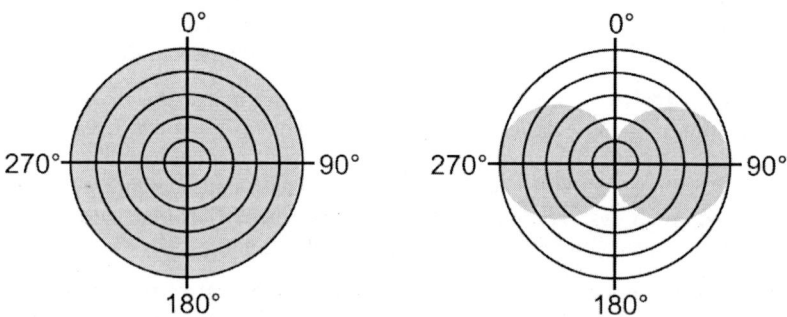

Kugel- und Achtcharakteristik.

- **Nierencharakteristik**: Mikrofone mit dieser Charakteristik nehmen überwiegend aus der Richtung auf, in die sie gehalten werden, während der Schall von der Rückseite praktisch komplett ausgeblendet wird. Zudem entsprechen sie in ihrer Richtwirkung in etwa dem menschlichen Ohr, weshalb sie gerne auch für die Aufnahme eines Raumklangs verwendet werden.

- **Supernieren- und Hypernierencharakteristik**: Diese Charakteristiken sind gegenüber der normalen Nierencharakteristik wesentlich gerichteter und können dadurch wesentlich besser Hintergrundgeräusche ausblenden. Deshalb werden sie meist für entferntere Schallquellen verwendet. Beispielsweise bei Film- und Fernsehaufnahmen, bei denen sich das Mikrofon außerhalb des Bildausschnitts befinden muss.

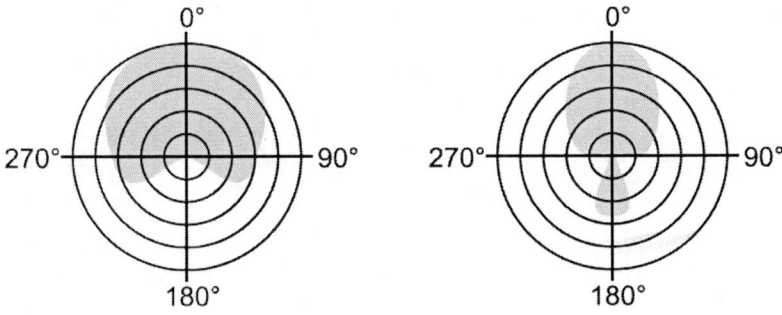

Nieren- und Hypernierencharakteristik.

Schließlich sollten Sie noch auf den richtigen Anschluss des Mikrofons achten bzw. an den Kauf eines entsprechenden Adapters denken. Bei handelsüblichen Mikrofonen kommen in der Regel die folgenden vier Anschlüsse zur Anwendung:

- **3,5-mm-Klinkenstecker**: Der sogenannte „kleine Klinkenstecker" passt in jede Standard-Soundkarte bzw. in die Ausgänge jedes Walkmans oder MP3-Players. Doch Vorsicht: Es gibt auch den etwas kleineren 2,5 mm Klinkenstecker für Miniaturgeräte wie bspw. Diktiergeräte.

- **6,35-mm-Klinkenstecker**: „Großer Klinkenstecker", für den Einsatz an Mischpulten, Keyboards, und Verstärkern. Zum Anschluss an den Computer benötigen Sie einen Adapter.

- **XLR-Stecker**: Beliebter Anschluss bei professionellen Geräten, der in Mischpulten, Vorverstärkern usw. zum Einsatz kommt. Nur über Adapter mit einer Standard-Soundkarte zu verbinden. Besitzen Sie ein Kondensator-Mikrofon mit XLR-Anschluss, benötigt dieses außerdem zusätzlich eine Phantomspeisung, die von Soundkarten meist nicht geliefert wird. Deshalb ist es in einem solchen Fall zwingend notwendig, einen separaten

Mikrofonverstärker oder ein Mischpult zwischen Mikrofon und Soundkarte zu schalten.

• **USB-Anschluss**: Noch relativ neu auf dem Markt, aber ausgesprochen
praktisch, da diese Art von Mikrofon direkt an einen freien USB-Port des
Computers angeschlossen werden kann. Auch eine notwendige Stromversorgung kann dabei über USB erfolgen.

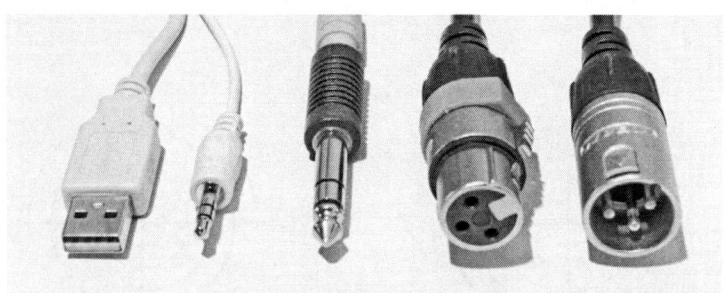

USB, Klinke 3,5 mm, Klinke 6,35 mm, XLR (w), XLR (m).

Die Frage nach dem richtigen Mikrofon kann eigentlich nur individuell beantwortet werden. Das Mikrofon muss einfach zur Stimme oder zum Instrument passen.
Zu diesem Thema können Sie in verschiedenen Internetforen lange Erfahrungsbe-
richte und Diskussionen lesen, die für eine Kaufentscheidung durchaus hilfreich
sein können. Deshalb der Tipp: Lesen Sie vor allem Anwenderberichte von ambi-
tionierten Benutzern, legen Sie genau die gewünschten Verwendungsmöglichkeiten fest und vergleichen Sie auch die technischen Daten. Einen guten Überblick
finden Sie auch in dem Audacity-Forum, das Sie unter der Adresse *http://audacity-
forum.de* im Internet finden.

Wer die Möglichkeit hat – bspw. in einem großen Musikgeschäft, bei einem Ver-
leiher oder Ähnlichem – der sollte unbedingt auch zuvor verschiedene Mikrofone
ausprobieren. Haben Sie sich schließlich für ein Mikrofon entschieden, steht der
ersten Aufnahme nichts mehr im Wege.

Hier noch einige Ratschläge für eine gelungene Mikrofonaufnahme:

- Nehmen Sie zunächst die Einstellung für den Aufnahmepegel vor. Stellen Sie hierbei die Lautstärke so ein, dass der Ton so laut wie möglich aufgenommen wird, aber vermeiden Sie unbedingt ein Übersteuern.

- Führen Sie ggf. vor der eigentlichen Aufnahme zunächst einen Aufnahmetest von einigen Sekunden durch und prüfen Sie das Ergebnis auf vorhandene Störgeräusche, Verzerrungen, Übersteuerungen usw.

- Versuchen Sie, Nebengeräusche auszuschalten oder zu vermeiden. Bei Innenaufnahmen sollten Sie beispielsweise einen stillen, hallfreien Raum aufsuchen. Bei Außenaufnahmen kann gegen Windgeräusche bspw. ein Mikrofon-Windschutz verwendet, flatternde Kleidungsteile abgeklebt und andere Störquellen wie z. B. möglicherweise klingelnde Mobiltelefone im Vorfeld ausgeschaltet werden.

- Wenn Sie Hintergrundgeräusche haben, die Sie nicht abstellen können, so sollten Sie das Mikrofon bei der Aufnahme möglichst nah an die aufzunehmende Schallquelle bringen. So werden die Hintergrundgeräusche zumindest leiser aufgenommen.

- Sprachaufnahmen sollten möglichst gleichmäßig laut erfolgen, also ohne große Ausreißer in der Lautstärke nach oben oder nach unten.

- Bei Aufnahmen von Musikinstrumenten sollten Sie sich mit der individuellen Abstrahlcharakteristik des Musikinstruments näher auseinander setzen, um das Mikrofon optimal platzieren zu können.

Kommt es dennoch zu Störgeräuschen oder einem klar vernehmbaren Rauschen, so müssen Sie systematisch alle Elemente der Aufnahmekette durchgehen, möglichst einzeln testen und ggf. durch Austausch die für den Fehler verantwortliche Komponente finden. Doch bevor großer Aktionismus an den Tag gelegt wird, sollten immer erst die Verkabelung und die vorgenommenen Einstellungen auf ihre Richtigkeit hin überprüft werden.

Die Aufnahme von anderen Abspielgeräten

Haben Sie ein anderes Abspielgerät wie z. B. einen MP3-Player oder ein CD-Abspielgerät, so können Sie dessen Ausgangssignal, das aus der Buchse Line-Out bzw. einer grün gekennzeichneten Buchse kommt, über den Eingang Line-In bzw. die blau gekennzeichnete Buchse des Computers aufnehmen.

Folgende Farben werden im Allgemeinen für die verschiedenen Anschlüsse des Computers verwendet:

Farbe	Funktion
Silber (Grau)	Seitenlautsprecher-Ausgang (stereo)
Schwarz	Rücklautsprecher-Ausgang (stereo)
Orange	Subwoofer-Ausgang und Center-Ausgang. Oft alternativ schaltbar zum Digital-Ausgang.
Rosa	Mikrofoneingang (mono)
Grün	Ausgang für Lautsprecher, Line-Out (Stereo)
Blau (Hellblau)	Line-In (stereo)

Wollen Sie die Ausgabe eines anderen Programms aufnehmen, so sollten Sie zunächst prüfen, ob das entsprechende Programm selbst die Möglichkeit eines Mitschnitts bietet. Das Ergebnis können Sie wiederum mit Audacity weiter bearbeiten.

Bei vielen Soundkarten können Sie als Eingabekanal den Gesamt-Output auswählen. Dabei werden unterschiedliche Bezeichnungen verwendet, wie z. B. *Wave Out*, *Was Sie hören* oder *What U Hear*. Mit dieser Einstellung können Sie Audacity für die Tonaufnahme benutzen, während ein anderes Programm etwas abspielt. In einzelnen Fällen kommt es hierbei jedoch dadurch zu Konflikten, dass zwei Programme gleichzeitig auf die Soundkarte zugreifen.

Ggf. kann das Problem durch neuere Treiber oder ein anderes Betriebssystem gelöst werden. Alternativ kann eine Behelfslösung so aussehen, dass Sie einfach den Ausgang *Line out* (grüne Buchse) über ein Kabel direkt in die Buchse *Line in* (blaue Buchse) übergeben und mit Audacity den Eingang von *Line in* aufnehmen.

1.4 Was ist Audacity genau?

Audacity ist ein freies und betriebssystemunabhängiges Audiobearbeitungspro-gramm. Frei heißt in diesem Zusammenhang nicht alleine kostenlos, sondern ist vor allem im Sinne von Freiheit zu verstehen. Das umfasst vor allem die Freiheit, diese Software für alle, auch kommerzielle Zwecke nutzen zu können. Auch darf die Software kopiert, weitergegeben sowie an die eigenen Bedürfnisse und Anfor-derungen anpasst werden. Die Lizensierung über die GNU General Public License (GPL), die auch als freie Copyleft-Lizenz für Software bekannt ist, und die Tatsa-che, dass jedem der Quelltext zur Verfügung gestellt wird, sind weitere eindeutige Merkmale einer freien Software.

Die Entwicklungsrichtung von solcher freien Software, die auch Open-Source-Pro-jekte genannt werden, ist direkt von der Zusammensetzung und den Interessen des jeweiligen Entwickler-Teams sowie den Wünschen und Anregungen der Anwender abhängig. Viele Teams bieten darüber hinaus jedoch auch individuelle Weiterent-wicklungen der jeweiligen Software an. Bei Bedarf sollten Sie einfach einmal mit dem entsprechenden Team Kontakt aufnehmen.

Ursprünglich entstanden ist Audacity durch ein Universitätsprojekt der Carnegie Mellon University in Pittsburgh/USA, das sich mit Frequenzanalyse beschäftigte. Von Anfang an dabei ist Dominic Mazzoni, der auch heute noch das Projekt maß-geblich leitet. Er und eine internationale Gruppe Freiwilliger, die sich über das In-ternet organisiert, entwickeln Audacity kontinuierlich weiter. Audacity ist in der Programmiersprache C++ geschrieben.

Eine Besonderheit ist, dass Audacity für alle drei großen Betriebssysteme (Win-dows, Mac OS X und Linux) entwickelt wird. Für eine gleiche grafische Oberflä-che bei den verschiedenen Betriebssystemen wird dabei die wxWidgets-Bibliothek verwendet. Die derzeit aktuelle Version ist Beta 1.3.4, die Ende 2007 erschienen ist, bzw. als stabile Version die 1.2.6, die für das produktive Arbeiten empfohlen wird.

Der einzelne Anwender wird durch Audacity in die Lage versetzt, selbstständig verschiedene Aufgaben zu erledigen, die früher nur aufwendig in einem Tonstudio zu realisieren waren. Gekoppelt mit einem Internetanschluss und einer Internetseite bzw. dem Zugang zu einem entsprechenden Portal können diese Produkte weltweit verfügbar gemacht werden. In Form von selbst eingespielter und abgemischter Mu-sik, Audioblogs und Podcasts hat diese Entwicklung bereits Fuß gefasst und berei-chert seit einiger Zeit das kulturelle Leben.

Im Folgenden wird die aktuelle Version Beta 1.3.4 beschrieben. Bei Drucklegung dieses Buches war diese Version noch nicht vollständig übersetzt, sodass einige Teile – evtl. auch auf den verwendeten Bildschirmfotos – noch in der Originalspra-che Englisch erscheinen.

1.5 *Der Funktionsumfang von Audacity*

Mit Audacity lässt sich eine Fülle von Arbeiten erledigen. Beachten Sie, dass Sie für bestimmte Aufgaben und Funktionen eventuell zusätzliche Geräte oder Software benötigen. So brauchen Sie bspw. zur erwähnten Live-Aufnahme von Sprache, Tönen oder Musik mindestens ein Mikrofon, welches Sie über ein Mischpult oder direkt über die Soundkarte mit dem Computer verbinden müssen.

Die wichtigsten Funktionen sind:

- Einlesen verschiedener Audioformate, wie WAV, FLAC, AIFF, AU, Ogg Vorbis und MPEG -Dateien.

- Einlesen von Audio-Rohdaten.

- Anlegen von beliebig vielen Audiospuren.

- Live-Aufnahmen erstellen.

- Digitalisieren von analogen Speichermedien wie Kassetten oder Schallplatten.

- Tondateien schneiden, kopieren, löschen und mischen.

- Tondateien mit Effekten versehen wie z. B. Geschwindigkeit oder Tonhöhe einer Aufnahme ändern.

- Unbegrenztes Rückgängigmachen und Wiederherstellen von Arbeitsschritten.

- Aufnahmen von Mikrofonen und anderen Quellen über den Line-In-Eingang wie z. B. Mischpult oder Verstärker und Online-Quellen (abhängig von den Möglichkeiten der verwendeten Soundkarte). Dabei werden Aufnahmen mit einer Samplerate von bis zu 96 Khz und einer Sampletiefe von bis zu 32-bit (floating point) unterstützt.

- Ändern und Mixen einer unbegrenzten Anzahl von Spuren.

- Löschen von durchgängigen Hintergrundgeräuschen.

- Manuelles Entfernen von Störungen über das Zeichenwerkzeug.

- Anzeige der Aussteuerung vor, während und nach einer Aufnahme.

- Aufnahmen in 16-, 24- oder 32-bit (floating point) herstellen.

- Export von WAV-, AIFF-Dateien und mit der optionalen LAME Encoder Library auch MP3-Dateien.

- Spektrogramm-Modus, um Frequenzen anzuzeigen.

- Plot Spectrum-Befehle für eine genauere Frequenzanalyse

- Zusammenmixen von verschieden Sampleraten und Formaten in Echtzeit.

Als reines Audiobearbeitungsprogramm bietet Audacity keine weitergehenden Funktionen, die Sie vielleicht von sogenannten Sequencer-Programmen kennen. Konkret bedeutet dies, dass MIDI-Dateien von Audacity zwar eingelesen und angezeigt, jedoch noch nicht bearbeitet, abgespielt oder abgespeichert werden können. Allerdings sind die Funktionen bereits für zukünftige Versionen geplant.

2 Programmaufbau

Nach dem ersten Programmstart von Audacity 1.3.4 sehen Sie ungefähr folgendes Bild auf Ihrem Monitor. Je nach verwendetem Betriebssystem kann dies grafisch geringfügig abweichen, da die Versionen aufgrund unterschiedlicher Gegebenheiten nicht völlig identisch sein können.

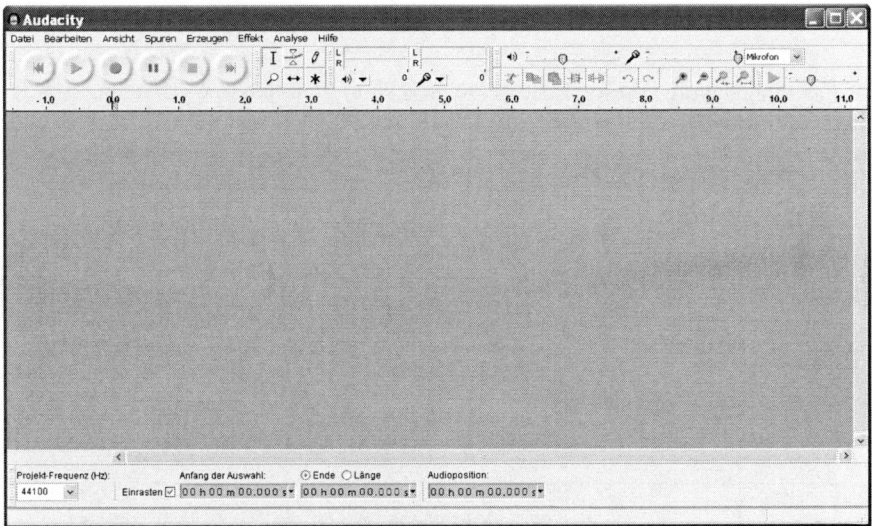

Programm nach dem Erststart.

Standardmäßig öffnet Audacity mit leerem Projektfenster. Folgendermaßen stellt sich Audacity dabei von oben nach unten gesehen dar:

Unterhalb der Titelleiste befindet sich die Menüleiste mit den Einträgen *Datei, Bearbeiten, Ansicht* usw. Darunter befinden sich die verschiedenen Symbolleisten. Als Letztes im oberen Bereich über dem leeren Projektfenster ist eine Zeitspur zu sehen. Unter dem leeren Projektfenster befindet sich die *Zeit-/Projektfrequenzleiste* und die Statusleiste, in der die aktuell verwendete Frequenz angezeigt wird.

2.1 *Die verschiedenen Symbolleisten*

Die Symbole der *Wiedergabewerkzeuge* sollten den meisten von Ihnen von verschiedenen anderen Audiogeräten bekannt sein.

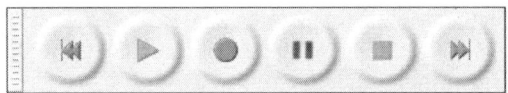

Die Symbolleiste *Wiedergabewerkzeuge*.

Jedoch haben einige dieser Tasten eine erweiterte Funktion in Verbindung mit der Umschalttaste (Großbuchstaben- oder auch Shift-Taste genannt).

Symbol	Bezeichnung	Funktion
Pause	Pause	Unterbricht eine laufende Aufnahme oder Wiedergabe. Um die Unterbrechung wieder aufzuheben, drücken Sie die Taste erneut.
Wiedergabe	Wiedergabe starten Endlosschleife	Die Wiedergabe beginnt ab der aktuellen Cursorposition oder am Anfang einer vorhandenen Markierung. Wird beim Anklicken der Abspieltaste die Umschalttaste (Großbuchstaben- oder Shift-Taste) gedrückt, so ändert die Taste ihr Aussehen und ihre Funktion. Das Stück oder der markierte Bereich wird jetzt bis auf Widerruf in einer Schleife immer wieder abgespielt (Endlosschleife, Loop).
Stopp	Stopp	Mit dieser Taste beenden Sie eine laufende Aufnahme oder Wiedergabe. Wurde die Pausentaste aktiviert, wird sowohl die vorangegangene Aktion als auch die Pause sofort beendet.
An den Anfang springen	An den Anfang springen	Setzt den Cursor an den Anfang der Tonspur (Zeitposition 0). Bei gehaltener Shift-Taste wird der Tonspurbereich von der aktuellen Position bis zur Position 0 markiert.
Ans Ende springen	Ans Ende springen	Setzt den Cursor an das Ende der Tonspur. Bei gehaltener Shift-Taste wird der Tonspurbereich von der aktuellen Position bis zum Ende markiert.
Aufnahme	Aufnahme	Nach dem Drücken der Aufnahmetaste wird eine neue Spur angelegt. Die Aufnahme startet an der aktuellen Cursorposition mit der voreingestellten Aufnahmefrequenz und kann mit Pause unterbrochen oder mit Stopp beendet werden.

Zentrale Bedeutung für die Arbeit mit der Maus hat auch die etwas unscheinbare Symbolleiste *Werkzeuge*, die im Folgenden beschrieben wird.

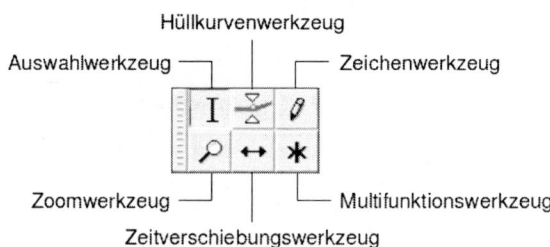

Symbolleiste *Audacity-Werkzeuge*.

Die einzelnen Werkzeuge können Sie auch bequem mit der Tastatur aufrufen, da sie standardmäßig von links oben nach rechts unten mit den Funktionstasten *F1* bis *F6* belegt sind.

Symbol	Bezeichnung	Funktion
I	Auswahlwerkzeug	Mit dem aktivierten Werkzeug können Sie per Mausklick die Cursorposition in einem Audiostück festlegen oder bei gehaltener Maustaste einen bestimmten Bereich markieren.
	Hüllkurven-werkzeug	Mit diesem Werkzeug können Sie für einen Bereich die Lautstärke verändern. Dies eignet sich zum Beispiel für das manuelle Ein- oder Ausblenden von Spuren (Fade In bzw. Fade Out).
	Zeichenwerkzeug	Zoomen Sie zunächst so weit in die Audiospur, bis Sie die einzelnen Samples als Punkte erkennen können. Bei gehaltener Maustaste können Sie nun die Samples neu zeichnen. Dies eignet sich bspw. zur manuellen Entfernung von kurzen Störgeräuschen.
	Zoomwerkzeug	Ermöglicht Ihnen, die Ansicht der Tonspuren zu vergrößern (linke Maustaste) oder zu verkleinern (rechte Maustaste bzw. *Shift* + *linke Maustaste*).

Symbol	Bezeichnung	Funktion
↔	Zeitverschiebungs-werkzeug	Mithilfe dieses Werkzeugs können Sie eine komplette Tonspur horizontal – also auf der Zeitachse – verschieben. Ziehen Sie dazu bei gehaltener Maustaste die Tonspur an die gewünschte Stelle. Werden Teile der Tonspur in den negativen Zeitbereich verschoben, so wird dies mit kleinen Pfeilen angezeigt.
✳	Multifunktions-werkzeug	Werkzeug, das die verschiedenen Funktionen kombiniert, je nach Darstellung des Mauszeigers und Ort der Anwendung: I Ermöglicht, die Abspielmarke per Mausklick zu positionieren und Markierungen bei gehaltener Maustaste. Ein rechter Mausklick zoomt die Ansicht aus (verkleinert), während eine Auswahl bei gehaltener rechter Maustaste die Markierung direkt in die Ansicht einpasst. ⋚ So stellt sich der Mauszeiger am Rand der Hüllkurve dar, die sich dann bei gehaltener Maustaste verschieben lässt. ↔ Bei gehaltener Ctrl-Taste (Strg) lassen sich Tonspuren auf der Zeitachse verschieben. Ein markierter Bereich kann ebenfalls mit verschoben werden, indem auf der Markierung mit dem Verschieben begonnen wird.

Rechts von der Werkzeugleiste befindet sich die *Aussteuerungsanzeige*.

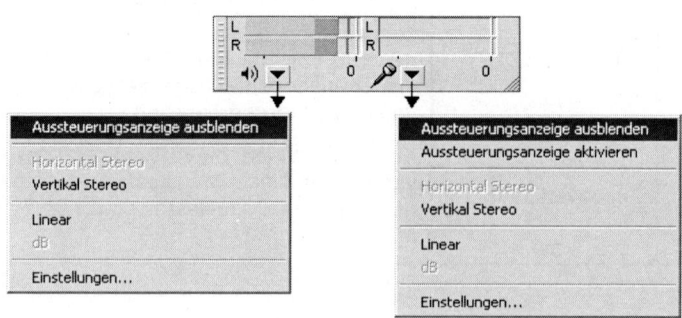

***Aussteuerungsanzeige* mit Menüs.**

Die einzelnen Befehle der Menüs:

- **Aussteuerungsanzeige ausblenden**: Blendet die jeweilige Aussteuerungsanzeige aus und stellt diese dann grau eingefärbt dar.

- **Aussteuerungsanzeige aktivieren/Anzeige ausschalten**: Aktiviert bzw. deaktiviert die Aussteuerungsanzeige des Eingangssignals (Mikrofonsymbol).

- **Horizontal Stereo**: Standarddarstellung, die die Aussteuerungsanzeige horizontal von links nach rechts anzeigt.

- **Vertikal Stereo**: Zeigt die Aussteuerungsanzeige vertikal von unten nach oben an.

- **Linear**: Wechselt zu einer linearen Skala in der Aussteuerungsanzeige (0,0 = Stille, 1,0 = Maximalaussteuerung).

- **db**: Standardanzeige, bei der die Skala der Aussteuerungsanzeige logarithmisch ist (0 dB = Maximalaussteuerung). Weitere Einstellungen für den Anzeigebereich können unter *Bearbeiten> Einstellungen> Programmoberfläche> Minimaler Anzeigebereich* vorgenommen werden.

- **Einstellungen**: Hier legen Sie fest, wie oft pro Sekunde die Anzeige aktualisiert wird. Mögliche Werte sind 1 bis 100. Bedenken Sie, dass eine hohe Frequenz entsprechend mehr Rechenleistung erfordert.

Als Nächstes sehen Sie unterhalb der Wiedergabewerkzeuge die Pegelregler. Mit ihrer Hilfe wird links die Ausgangslautstärke und rechts die Aufnahmelautstärke geregelt. Über das rechte Listenfenster kann die Aufnahmequelle eingestellt werden.

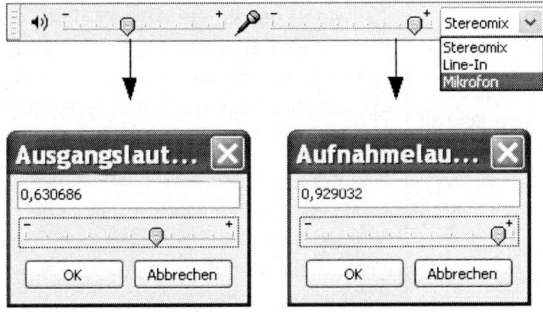

Pegelregler für Ausgangs- und Aufnahmelautstärke.

Einstellungen können Sie vornehmen, indem Sie bei gehaltener Maustaste die Regler auf die gewünschte Position ziehen oder mit einem Doppelklick auf die Skala das entsprechende Eingabefenster öffnen, um den Wert direkt einzugeben.

Die Symbolleiste *Bearbeiten* bietet weitere wichtige Funktionen für die Bearbeitung und Ansicht der Tonspuren.

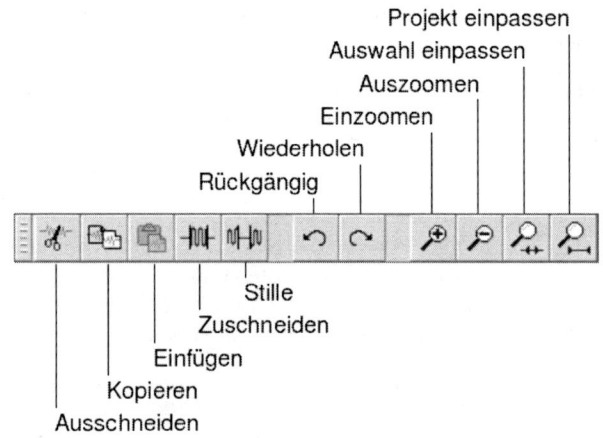

Die Symbolleiste *Bearbeiten*.

Symbol	Bezeichnung	Funktion
	Ausschneiden	Damit schneiden Sie einen markierten Bereich aus einer Tonspur aus. Der evtl. rechts verbleibende Teil der Tonspur wird nach links verschoben und fügt sich nahtlos an den verbleibenden linken Tonspurrest an. Entsprechend ist die neue Tonspur exakt um die Länge des herausgeschnittenen Teils der Tonspur kürzer. Nachfolgende Clips werden je nach Voreinstellung auch verschoben oder nicht. Die Voreinstellung nehmen Sie unter *Bearbeiten> Einstellungen> Programmoberfläche> Nachfolgende Clips beim Schneiden verschieben* vor.

Symbol	Bezeichnung	Funktion
	Kopieren	Der markierte Teil wird in die Zwischenablage kopiert, die Originaltonspur bleibt dabei unangetastet. Der kopierte Bereich kann beliebig oft an anderen Stellen eingefügt werden.
	Einfügen	In der Zwischenablage befindliche ausgeschnittene oder kopierte Tonspurbereiche lassen sich über diese Funktion an der Cursorposition einfügen.
	Trimmen	Trimmen bewirkt das Gegenteil von Ausschneiden. Beim Trimmen bleibt der markierte Bereich erhalten, alles andere rechts und links davon wird entfernt. Der getrimmte Bereich behält seine Position bei.
	Auswahl in Stille umwandeln	Der ausgewählte Bereich wird mit Stille überschrieben.
	Rückgängig	Die zuletzt durchgeführte Aktion wird widerrufen.
	Wiederholen	Mit dieser Funktion wird ein rückgängig gemachter Arbeitsschritt noch einmal wiederholt.
	Einzoomen	Diese Funktion stellt die Ansicht der Tonspur vergrößert dar. Diese Aktion können Sie mehrfach hintereinander durchführen, bspw. so oft, bis Sie die einzelnen Samples deutlich erkennen und diese mit dem Zeichenwerkzeug bearbeiten können.
	Auszoomen	Bewirkt das Gegenteil der Funktion *Einzoomen* und verkleinert die Ansicht.
	Auswahl in Fenster einpassen	Die Ansicht für den markierten Bereich der Tonspur wird in das Audacity-Fenster eingepasst. Je nach aktueller Ansicht wird entsprechend ein- oder ausgezoomt.
	Ganzes Projekt in Fenster einpassen	Passt das gesamte Projekt in das Fenster ein. Je nach aktueller Ansicht wird entsprechend ein- oder ausgezoomt. Diese Funktion ist besonders dazu geeignet, Ihnen einen schnellen Überblick über das gesamte Projekt zu geben.

Rechts neben der Symbolleiste *Bearbeiten* gibt es das Transkriptionswerkzeug, das die Möglichkeit bietet, Audioquellen langsamer oder schneller wiederzugeben.

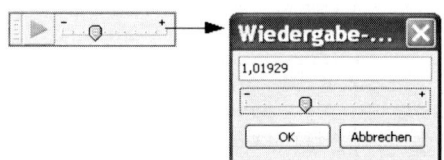

Transkriptionswerkzeug mit Eingabefenster.

Neben dem Regler, den Sie bei gehaltener Maustaste mit dem Mauszeiger verschieben können, besteht auch hier die Möglichkeit, über einen Doppelklick auf die Skala das Eingabefenster *Wiedergabe-Geschwindigkeit* zu öffnen und direkt einen Wert einzugeben.

Um das aktuelle Projekt schneller oder langsamer abzuspielen, stellen Sie zunächst mit dem Regler die entsprechende gewünschte Geschwindigkeit ein. Der Wert 1,0 steht hierbei für die Originalgeschwindigkeit. Der Wert 0,5 steht für eine um 50 Prozent reduzierte und der Wert 1,5 dementsprechend für eine um 50 Prozent erhöhte Geschwindigkeit. Klicken Sie dann in der Symbolleiste *Transkriptionswerkzeug* auf die Schaltfläche mit dem grünen Pfeil, um die momentane Auswahl mit der gewählten Geschwindigkeit abzuspielen.

2.2   *Zeit-/Projektfrequenz- und die Statusleiste*

Schließlich befindet sich unter dem Projektfenster noch die *Zeit-/Projektfrequenz- und die Statusleiste*. Die *Zeit-/Projektfrequenzleiste* erlaubt es, auf der linken Seite die Projekt-Frequenz festzulegen.

Ist die Funktion *Einrasten* aktiviert, so lässt sie nur Markierungen im eingestellten Raster zu. Wurde bspw. das Format hh:mm:ss gewählt, können Markierungen nur immer bei vollen Sekunden anfangen und enden. Bei einem Format für Videofilme z. B. *hh:mm:ss + PAL frames (25 fps)* hat dies den Vorteil, dass der Tonschnitt immer exakt auch auf einen Bildwechsel fällt und so bildgenau gearbeitet werden kann. Zudem werden dadurch auch unnötige Knackser und andere Störungen in der Tonspur verhindert, die ansonsten auftreten würden.

Das Format wird jeweils für alle drei Anzeigebereiche geändert, egal in welchem Listenfenster die Änderung vorgenommen wird. Sie können bei der zweiten Anzeige zwischen *Ende* und *Länge* als Angabe wählen, während im dritten Fenster (*Audioposition*) die aktuelle Cursor-Position angezeigt oder bestimmt werden kann.

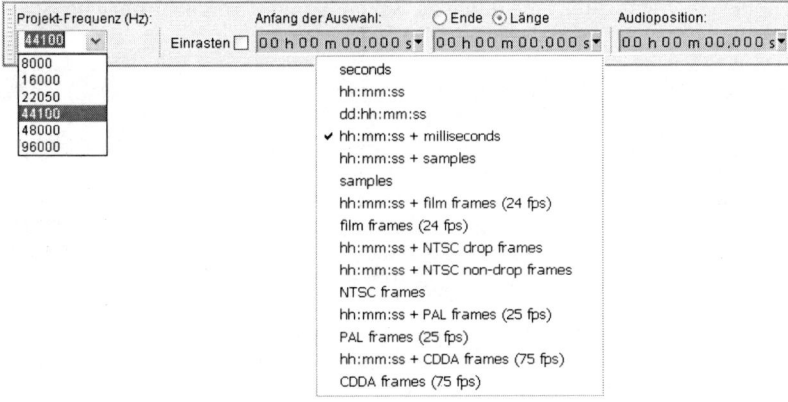

Die Zeit-/Projektfrequenzleiste.

Um ganz exakt zu arbeiten, können Sie auch die Werte der *Zeit-/Projektfrequenzleiste* direkt editieren. Klicken Sie dazu direkt mit dem Mauszeiger auf das entsprechende Feld und geben Sie den gewünschten Wert ein.

Werden Teile der Tonspur in den negativen Zeitbereich verschoben, so wird dies mit kleinen Pfeilen angezeigt.

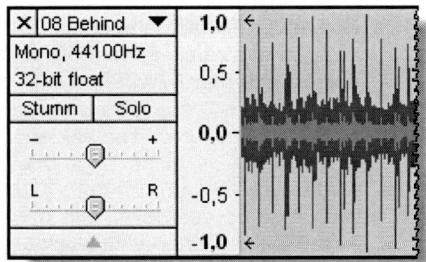

**Die Pfeile zeigen an, dass sich der Anfang der
Tonspur im negativen Zeitbereich befindet.**

Die folgende Tabelle erläutert die verschiedenen Zeitformate:

Format	Bemerkung
Seconds	Zählt ganze Sekunden in einer sechsstelligen Anzeige. Beispiel: 000,047 seconds.
hh:mm:ss	Hier steht h (hours) für Stunden, m (minutes) für Minuten und s (seconds) für Sekunden. Beispiel: 02 h 16 m 34 s für 2 Stunden 16 Minuten und 34 Sekunden.
dd:hh:mm:ss	Für extrem lange Aufnahmen werden bei diesem Format zusätzlich d (days) für Tage angezeigt. Das bedeutet, dass nach 00 days 23 h 59 m 59 s die Anzeige auf 01 days 00 h 00 m 00 s springt.
hh:mm:ss + milliseconds	Bei diesem Format werden neben Stunden, Minuten und Sekunden auch die Millisekunden angezeigt. Beispiel: 02 h 16 m 34.986 s.
hh:mm:ss + samples	Dieses Format unterteilt die Sekunden in die jeweiligen Samples. Für CD-Qualität heißt das, dass jede Sekunde 44.100 Samples enthält.
samples	Zählt die Samples in einer neunstelligen Anzeige.
hh:mm:ss + film frames (24 fps)	Für Filmaufnahmen, bei denen 24 Bilder pro Sekunde belichtet werden, geeignetes Zeit- und Schnittformat (fps steht für „frames per second"). Hier folgt auf 00:59:59:23 die Anzeige 01:00:00:00.
film frames (24 fps)	Format für Filmaufnahmen mit 24 Bildern pro Sekunde, das die einzelnen Frames in einer sechsstelligen Anzeige zählt. Bsp: 073,396.
hh:mm:ss: NTSC drop frames	NTSC-Produktionen verwenden 29,97 Bilder pro Sekunde. Um auf diese ungerade Anzahl zu kommen, wird bei „NTSC drop frames" zunächst mit 30 Bildern pro Sekunde gearbeitet, um dann ca. jedes 900. Bild auszusparen bzw. „fallenzulassen". Beispiel: 00 h 02 m 48 s+29 frames.
hh:mm:ss: NTSC non drop frames	Bei diesem Format wird mit 29,97 Bildern pro Sekunde gearbeitet, ohne dass Bilder ausgespart bzw. „fallengelassen" werden. Beispiel: 00 h 02 m 48 s+29 frames

Format	Bemerkung
NTSC frames	Zählt lediglich die Frames in einer sechsstelligen Anzeige. Beispiel: 002,481 frames.
hh:mm:ss + PAL frames (25 fps)	Anzeigeformat für den europäischen Videostandard PAL, bei dem 25 Bilder bzw. Frames pro Sekunde belichtet werden. Beispiel: 01 h 23 m 45 s + 15 frames.
PAL frames (25 fps)	Zählt die PAL-Bilder (Frames) in einer sechsstelligen Anzeige. Beispiel: 025,832 frames.
hh:mm:ss + CDDA frames (75 fps)	Anzeigeformat zur Verwendung für Audio-CDs. Eine Sekunde besteht bei der CDDA aus 75 Frames. Zugleich ist ein Frame der kleinste Sektor, der auf eine Audio-CD gebrannt werden kann. Beispiel: 00 h 01 m 27 s+08 frames.
CDDA frames (75 fps)	Zählt die Frames in einer sechsstelligen Anzeige. Beispiel: 018,481 frames.

Am unteren Ende des Programmfensters befindet sich die Statusleiste, in der Ihnen verschiedene nützliche Hinweise eingeblendet werden wie z. B. „Klicken und ziehen um die linke Auswahlgrenze zu verschieben".

Die einzelnen Bereiche und Leisten können nahezu beliebig angeordnet werden. Die „Anfasser" sind jeweils die Trennlinien. Führen Sie dazu den Mauszeiger auf die Trennlinie und verschieben Sie das Element bei gehaltener Maustaste an den gewünschten Ort. Wollen Sie die ursprüngliche Anordnung wieder herstellen, so wählen Sie den Menübefehl *Ansicht> Werkzeugleisten> Werkzeugleisten zurücksetzen*.

2.3 *Die Latenzzeit des Computers*

Eine gewisse Latenz, also eine gewisse Verzögerung, hat jeder Computer. Auch wenn es sich dabei oft nur um wenige Millisekunden handelt, so benötigt die Verarbeitung eines Signals genauso wie sein Weg, z. B. zur Soundkarte und von dort zu den Lautsprechern, immer auch eine bestimmte Zeit. Sind die Latenzen allerdings zu groß, können bestimmte Arbeiten nicht mehr vernünftig durchgeführt werden.

2.4 *Latenz des Computers ermitteln*

Eine optimale Latenzeinstellung ist notwendig, wenn Sie bspw. eine Tonquelle gleichzeitig aufnehmen und wiedergeben wollen.

Im Folgenden soll die optimale Latenzeinstellung für Ihren Computer ermittelt werden. Achten Sie darauf, dass in den Einstellungen im Register *Audio E/A* unter *Wiedergabe während der Aufnahme* die Funktion *Multiplay* aktiviert ist und wählen Sie das richtige Aufnahmegerät (bspw. *Digitaler HD Audio-Eingang* oder nutzen Sie bspw. ein Kabel zwischen Line-Out und Line-In), um eine Audiospur gleichzeitig abspielen und aufnehmen zu können. Führen Sie danach die folgenden Schritte aus:

- Stellen Sie zunächst die Anzeige in der Zeit-/Projektfrequenzleiste so ein, dass Millisekunden angezeigt werden.

- Wählen Sie nun den Menübefehl *Erzeugen> Click Track* , der das gleichnamige Fenster öffnet, und erzeugen Sie eine Metronomspur. Hier können Sie die vorgegebenen Einstellungen übernehmen und einfach mit *OK* bestätigen.

- Klicken Sie nun auf die Aufnahmetaste und nehmen Sie die Metronomspur während der Wiedergabe auf.

- Stoppen Sie den Vorgang nach einigen Takten über die Stopptaste.

Je nach Qualität der Soundkarte wird das Audiosignal mehr oder weniger deutlich aufgezeichnet. Das wiedergegebene Audiosignal wird in einer zweiten Tonspur leicht versetzt aufgezeichnet. Im folgenden Beispiel musste das Signal zunächst verstärkt werden, um die Latenzmessung vorzunehmen.

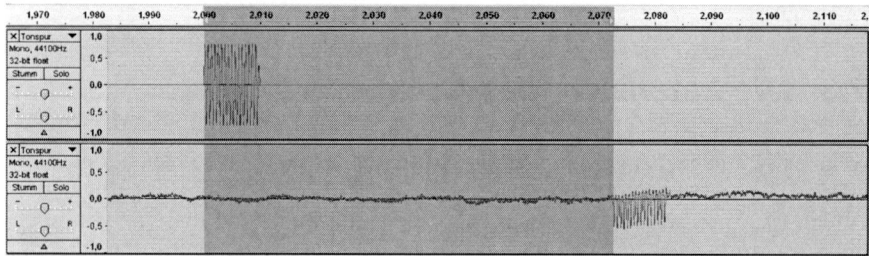

Hoher Rauschanteil und eine Latenz von 0,072 Sekunden.

Um die Latenz zu messen, markieren Sie den Anfang eines Signals in der Metronomspur bis zum Anfang des gleichen Signals in der aufgezeichneten Spur. In der *Zeit-/Projektfrequenzleiste* können Sie nun die Latenz Ihres Computers ablesen.

In obigem Beispiel wurde eine standardmäßig eingebaute Soundkarte verwendet, die eine Latenz von 72 Millisekunden aufweist.

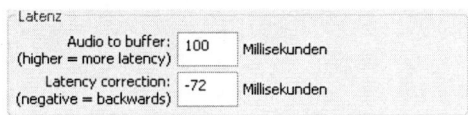

Korrigieren Sie die Latenzzeit.

Um die Latenzzeit zu korrigieren, müssen Sie den ermittelten Wert als negative Zahl in Millisekunden im Fenster *Einstellungen* Register *Audio E/A* im Feld *Latency Correction* (Latenzkorrektur) eingeben. Nun können Sie die oben erwähnte Aufnahme erneut wiederholen. Die beiden aufgenommenen Spuren sollten nun synchron zueinander laufen.

3 Mit Audacity arbeiten

In diesem Kapitel sollen Ihnen die Grundfunktionen im Umgang mit dem Programm erläutert werden.

3.1 *Dateien öffnen und importieren*

Standardmäßig können Sie mit Audacity verschiedene Audioformate wie WAV, MP3, FLAC, AIFF, AU und Ogg Vorbis öffnen.

Um eine der unterstützten Audioformate zu öffnen, gehen Sie wie folgt vor:

 Nutzen Sie die Drag & Drop-Methode, indem Sie die Audio-Datei bei gehaltener Maustaste auf das Programmfenster von Audacity ziehen und dort loslassen.

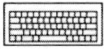 Öffnen Sie mit der Tastenkombination *Ctrl + O* das Fenster *Datei(en) öffnen* und wählen Sie die Datei oder die Dateien aus, die geöffnet werden soll(en).

 Öffnen Sie über den Menübefehl *Datei> Öffnen* das Fenster *Datei(en) öffnen* und wählen Sie die Datei oder die Dateien aus, die geöffnet werden soll(en).

Die Datei wird nun eingelesen und danach standardmäßig in Wellenform im Programmfenster angezeigt.

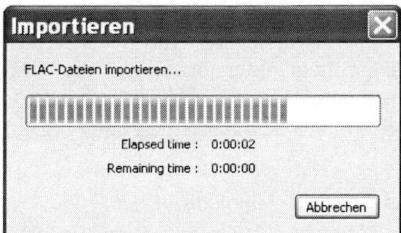 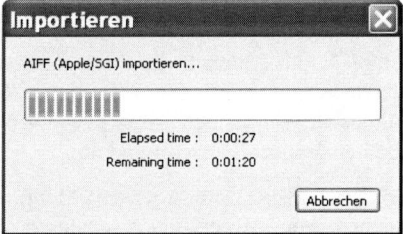

Das entsprechende Format wird eingelesen.

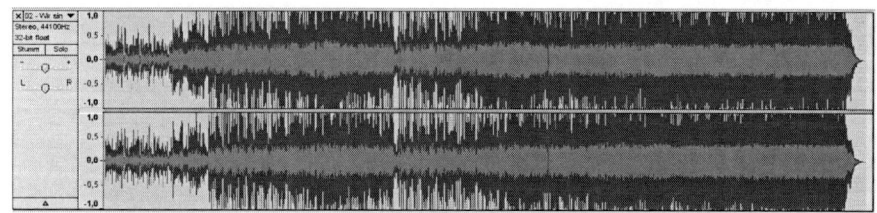

Wellenform, die Standarddarstellung für Audio-Dateien.

In der Wellenform, die standardmäßig linear angezeigt wird, sehen Sie im äußeren dunkleren Bereich die Spitzenwerte (Peaks) und im inneren helleren Bereich die geometrischen Mittelwerte (RMS) abgebildet.

Wichtig: Wählen Sie mehrere Dateien zum Öffnen aus, so wird für jede Datei ein eigenes Programmfenster mit der entsprechenden Datei angelegt. Wollen Sie hingegen mehrere Audio-Dateien in einem Programmfenster öffnen, müssen Sie den Befehl *Importieren* benutzen. Inhalte wie weitere Audio-Dateien, Textspuren, Zeitspuren und MIDI-Dateien können so in ein Programmfenster geladen und dort angezeigt werden.

Gehen Sie dazu folgendermaßen vor:

 Verwenden Sie den Menübefehl *Datei> Importieren* und wählen Sie im Untermenü die gewünschte Kategorie unter den Vorgaben *Audio*, *Textmarken*, *MIDI* und *Rohdaten* aus.

Je nach gewählter Kategorie öffnet sich ein Fenster mit dem ausgewählten Filter, über das Sie die entsprechende Datei bzw. Dateien auswählen können.

Äußerst interessant ist insbesondere der Rohdaten-Import auch für vorgeblich proprietäre Audio-Dateien, die Audacity zunächst nicht unterstützt. Falls die Audio-Datei nämlich intern unkomprimierte Rohdaten in Form von PCM (Pulse Code Modulation) verwendet, ist es sehr gut möglich, dass Audacity die Daten über den Rohdaten-Import doch öffnen kann.

Nachdem Sie die Datei über den Menübefehl *Datei> Importieren> Rohdaten* ausgesucht haben, öffnet sich das Fenster *Rohdaten importieren*, in dem Sie nähere Angaben zu der Datei machen können. Hierbei müssen Sie die Angaben eingeben, die normalerweise im Header enthalten sind. In manchen unklaren Fällen hilft hier jedoch nur ausprobieren.

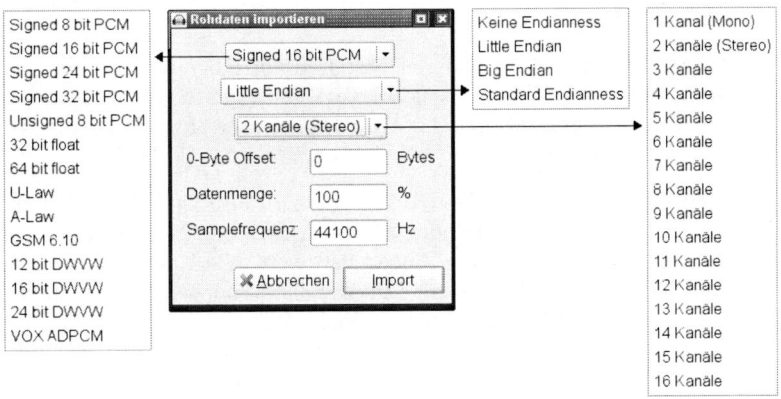

Die Einstellmöglichkeiten, um Rohdaten zu importieren.

Der Rohdaten-Import funktioniert nur mit unkomprimierten Daten. Dateien der Formate ASF, AAC, MP3, WMA, WMV usw. lassen sich damit genauso wenig einlesen wie bspw. kopiergeschützte Dateien.

Erläuterungen zu den verschiedenen Angaben:

- **Signed/unsigned**: Diese Angabe gibt darüber Auskunft, wie die Daten intern gespeichert werden. Signed 8 bit PCM verwendet bspw. die Werte -128 bis 127, während Unsigned 8 bit PCM die Werte von 0 bis 255 benutzt.

- **8, 16, 24, 32 bit**: Hier geben Sie die Art der Quantisierung an, also mit welcher Sampletiefe die Daten digitalisiert wurden.

- **PCM**: Die Abkürzung steht für Puls-Code-Modulation und ist ein Modulationsverfahren, das häufig bei der Wandlung von analogen Audiosignalen in digitale Audiosignale verwendet wird. Hierzu wird das analoge Signal mit einer bestimmten Frequenz zeitdiskret, also in zeitgleichen Abständen, abgetastet und mit einem Analog-Digital-Wandler quantisiert.

- **U-Law/A-Law**: Sich ähnelnde Verfahren für die Dynamikkompression von Audiosignalen, bei denen das Rauschen bei geringen Pegeln reduziert wird. Dennoch unterscheiden sich die Verfahren so weit, dass bei Telefonaten zwischen Europa, wo das A-Law-Verfahren angewendet wird, und Nordamerika, wo das U-Law-Verfahren eingesetzt wird, Konverter eingesetzt werden müssen.

- **DWVW**: Steht für „Delta With Variable Word Width" und stellt einen Kompressionstyp für das AIFF-C Dateiformat dar.

- **GSM**: Ist ein verlustbehafteter Standard zur Kompression von Sprache. GSM steht für „Global Standard for Mobile telecommunications". Benutzt wird dieses Format für (Mobil-)Telefone, Sprachprogramme und Sprachnachrichten.

- **ADPCM**: Steht für „Adaptive Differential Pulse Code Modulation" und ist eine Kompressionsmethode für ein Audiosignal, das über ein schmalbandiges digitales Medium übertragen werden soll. Die Datenrate passt sich dabei dynamisch an das Eingangssignal an. Dieses Verfahren wird bspw. bei der DECT-Telefonie (Digital Enhanced Cordless Telecommunications), also bei schnurlosen Telefonen verwendet.

- **Endiannes**: Legt die Reihenfolge der Bytes fest, damit sie richtig interpretiert werden können. Das Big Endian-Format stellt das höherwertige Byte, das auch MSB (Most Significant Byte) genannt wird, an die erste Stelle, während beim Little Endian-Format das Least Significant Byte (LSB) an erster Stelle kommt.

- **1 Kanal ... 16 Kanäle**: Hier stellen Sie die Anzahl der Kanäle ein.

- **0-Byte Offset**: Geben Sie hier die Größe des Headers ein.

- **Datenmenge**: Legen Sie die Datenmenge fest, die eingelesen werden soll.

- **Samplefrequenz**: Stellen Sie hier die verwendete Samplefrequenz ein.

Leider funktioniert mit Audacity (noch) nicht das direkte Einlesen von CDs. Hierbei erhalten Sie eine Meldung, die auf andere Programme verweist.

Hier kann die Benutzbarkeit noch verbessert werden.

Tipp: Falls Sie ein Dateiformat verwenden möchten, welches nicht von Audacity unterstützt wird, sollten Sie versuchen, es mit einem Audiokonverter in ein unterstütztes Format zu konvertieren. Empfehlenswert ist es, zunächst die Daten in ein verlustfreies Format wie bspw. WAV, AIFF oder FLAC zu konvertieren, dann die Bearbeitung in Audacity vorzunehmen und zum Schluss die Audiodaten in das gewünschte Zielformat zu exportieren.

3.2 *Markieren von Tonspuren*

So wie Sie es beispielsweise bereits von Textbearbeitungsprogrammen her kennen, müssen Sie auch in Audacity den Teil der Datei, den Sie ausschneiden, bearbeiten oder ersetzen wollen, zunächst markieren. Hierzu stehen Ihnen viele verschiedene Möglichkeiten zur Verfügung:

 Um mit der Maus zu arbeiten, muss das *Auswahlwerkzeug* I oder das *Multifunktionswerkzeug* ✳ aktiviert sein. Markieren Sie nun den gewünschten Teil der Audio-Datei bei gehaltener Maustaste. Die Auswahl wird dabei etwas dunkler dargestellt als der restliche Teil der Tonspur. Zum Vergrößern oder Verkleinern einer Markierung halten Sie einfach die Umschalttaste (Shift-Taste) gedrückt, während Sie ein neues Ende per Mausklick festlegen. Wollen Sie die gesamte Tonspur markieren, können Sie im Spurkopf auf die Eigenschaften oder auf die freie Fläche unterhalb der Regler klicken.

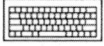 Bewegen Sie den Positionszeiger mithilfe der Pfeiltasten zu einer Anfangsstelle und markieren Sie den gewünschten Bereich bei gehaltener Umschalttaste mit der Pfeiltaste nach rechts oder der nach links. Um eine Markierung zu vergrößern, können Sie den entsprechenden Rand ebenso bei gehaltener Umschalttaste verschieben. Um die Markierung aufzuheben, können Sie mithilfe der Pfeiltaste nach rechts den Positionszeiger auf die rechte Endposition setzen und mit der Pfeiltaste nach links auf die linke Endposition.
Die gesamte Tonspur markieren Sie mit der Tastenkombination *Ctrl + A*.

 Steht der Positionszeiger an der gewünschten Stelle, so stehen Ihnen über den Menüpunkt *Bearbeiten> Auswählen* folgende Möglichkeiten zur Verfügung: *Alles, Nichts, Links vom Cur-*

sor bis... (öffnet das Fenster *Linke Auswahlgrenze einstellen*), *Rechts vom Cursor bis...* (öffnet das Fenster *Rechte Auswahlgrenze einstellen*), *Bis zum Anfang der Spur* und *Bis zum Ende der Spur.*

Der markierte Bereich der Tonspur wird nun dunkel eingefärbt dargestellt, wie bei dem folgenden Beispiel zu erkennen ist:

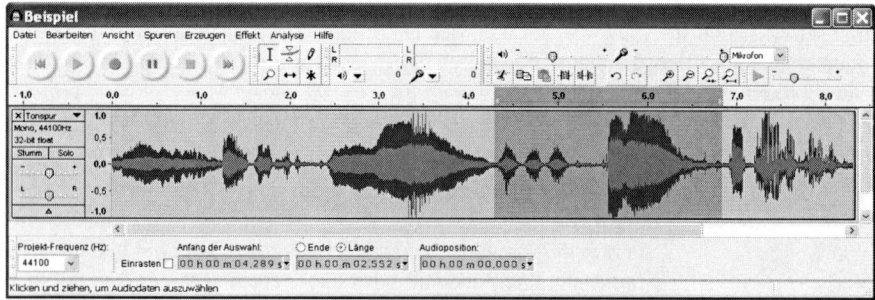

Mono-Tonspur mit markiertem Bereich.

Arbeiten Sie mit mehreren Tonspuren in einem Fenster, so können Sie auch Markierungen erzeugen, die sich über mehrere Spuren erstrecken.

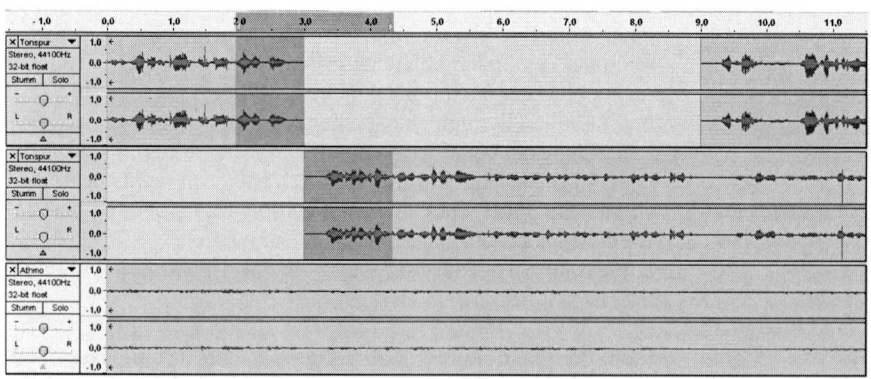

Markierung über zwei Spuren.

Um Markierungen zu erzeugen, die sich wie oben zu sehen, über mehrere Spuren erstrecken, gehen Sie folgendermaßen vor:

 Markieren Sie den gewünschten Teil einer Audiospur bei gehaltener Maustaste und ziehen Sie die Maus dabei über alle Spuren, die ausgewählt werden sollen.

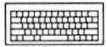 Wechseln Sie zunächst mit den Pfeiltasten nach oben und nach unten zur gewünschten Spur und übernehmen Sie die Markierung für die ausgewählte Spur über die Eingabetaste. Drücken Sie erneut die Eingabetaste, so wird die Markierung für diese Spur wieder entfernt.

3.3 *Bearbeiten von Tonspuren*

Für die folgenden Beispiele wird der Einfachheit halber eine Monoaufnahme verwendet.

Der markierte Bereich, der im Bild dunkler dargestellt, ist kann nun weiter bearbeitet oder bspw. durch Audiodaten, die sich in der Zwischenablage befinden, ersetzt werden. Die wichtigsten Befehle finden sich im Menü *Bearbeiten*.

3.3.1 Ausschneiden und Löschen mit Vorabkontrolle

Das Ausschneiden und das Löschen eines markierten Bereichs sind sich als Bearbeitungsschritte sehr ähnlich. Der einzige Unterschied der beiden Befehle ist der, dass beim Ausschneiden die ausgeschnittenen Daten in der Zwischenablage gespeichert werden.

Eine äußerst wertvolle unterstützende Funktion stellt dabei das Vorhören eines Schnitts dar. Oft lässt sich nur so beurteilen, ob die Markierungen richtig gesetzt wurden. Verwenden Sie den Buchstaben *C* auf Ihrer Tastatur, um einen Schnitt vorhören zu können.

Standardmäßig hören Sie nun ab einer Sekunde vor der Schnittkante bis eine Sekunde nach der Schnittkante und können so beurteilen, wie sich der Schnitt anhören wird. Eine Änderung der Vorhörzeit können Sie unter *Bearbeiten> Einstellungen> Schnitt vorhören* einstellen.

Gehen Sie folgendermaßen vor, wenn Sie den markierten Bereich einer Tonspur ausschneiden wollen:

 Wählen Sie die Schaltfläche ✂ *Ausschneiden.*

Verwenden Sie die Tastenkombination *Ctrl + X.*

Wählen Sie den Menübefehl *Bearbeiten> Ausschneiden.*

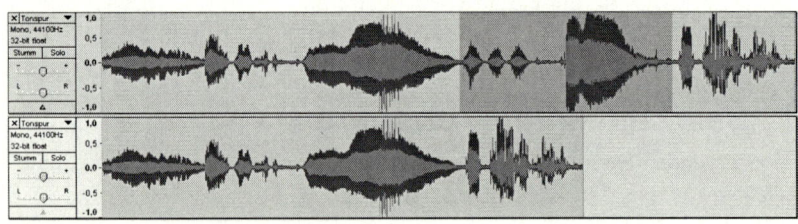

Tonspur vor und nach dem *Ausschneiden.*

Sie sehen, dass der Befehl *Ausschneiden* den markierten Teil der Tonspur entfernt, während der rechte Teil der Tonspur nach links verschoben wird. Beim Ausschneiden wird zudem der ausgeschnittene Teil in der Zwischenablage gespeichert. Nachfolgende Clips werden je nach Einstellung unter *Bearbeiten> Einstellungen> Programmoberfläche> Nachfolgende Clips beim Schneiden verschieben* auch verschoben oder nicht.

Für das Löschen können Sie die folgenden Befehle benutzen:

 Verwenden Sie die Tastenkombination *Ctrl + K* oder benutzen Sie alternativ die Entf-Taste oder die Rücklöschtaste.

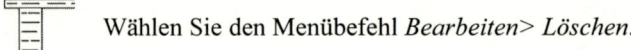 Wählen Sie den Menübefehl *Bearbeiten> Löschen.*

Das Ergebnis ist zunächst das Gleiche. Der Unterschied besteht lediglich darin, dass der ausgeschnittene Teil nicht in die Zwischenablage kopiert wird.

3.3.2 Ausschneiden und Spur trennen

Wollen Sie den markierten Bereich ausschneiden und die Spur trennen, so wählen Sie eine der folgenden Möglichkeiten:

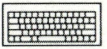 Wählen Sie die Tastenkombination *Ctrl + Alt + X.*

 Wählen Sie den Menübefehl *Bearbeiten> Ausschneiden und trennen.*

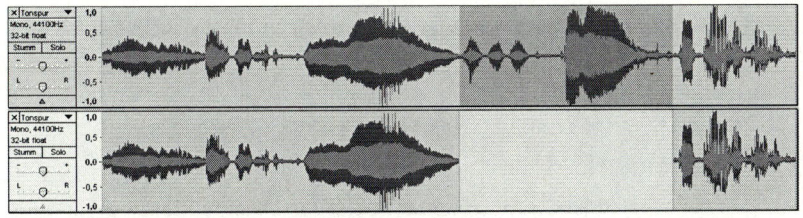

Ausschneiden und trennen.

Bei diesem Bearbeitungsschritt wird der markierte Bereich der Tonspur ausgeschnitten und die Tonspur getrennt, sodass zwei voneinander unabhängige Clips entstanden sind.

3.3.3 Kopieren

Wollen Sie den markierten Bereich lediglich kopieren, so ändert sich die Ansicht der Tonspur nicht. Zum Kopieren verwenden Sie folgende Befehle:

 Verwenden Sie die Schaltfläche 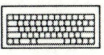 *Kopieren.*

 Wählen Sie die Tastenkombination *Ctrl + C.*

Wählen Sie den Menübefehl *Bearbeiten> Kopieren.*

In allen Fällen befinden sich die kopierten Daten in der Zwischenablage und können bspw. in andere Audiospuren eingefügt werden.

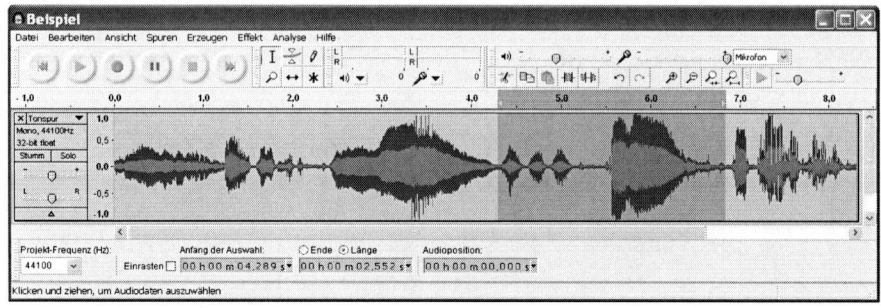

Kopieren speichert den markierten Bereich in die Zwischenablage.

3.3.4 Einfügen

Ein in der Zwischenablage gespeicherter Inhalt lässt sich beliebig oft in entsprechende Audiospuren einfügen. Hierzu stehen Ihnen diese Befehle zur Verfügung:

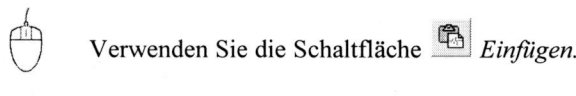

Verwenden Sie die Schaltfläche *Einfügen*.

Wählen Sie die Tastenkombination *Ctrl + V*.

Wählen Sie den Menübefehl *Bearbeiten> Einfügen*.

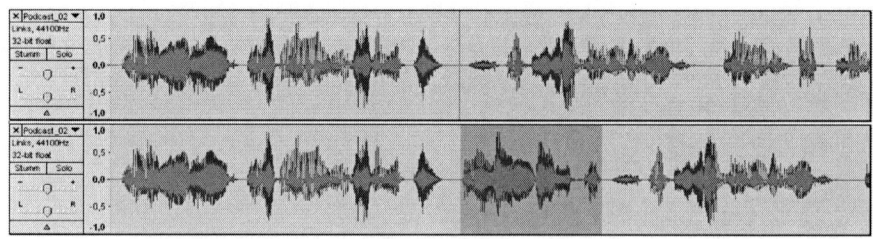

Beispiel für das Einfügen von Audioinhalten aus der Zwischenablage.

In oben abgebildetem Beispiel wurde der Inhalt der Zwischenablage eingefügt (markierte Teil der zweiten Tonspur) Genauso ist es jedoch auch möglich, einen zuvor markierten Bereich auszuschneiden und diesen mit dem in der Zwischenablage gespeicherten Audiobereich zu ersetzen. Im Beispiel wird der markierte Bereich der ersten Tonspur ausgeschnitten und durch einen erheblich kürzeren Bereich ersetzt, wodurch sich die Gesamtlänge der Tonspur entsprechend verkürzt.

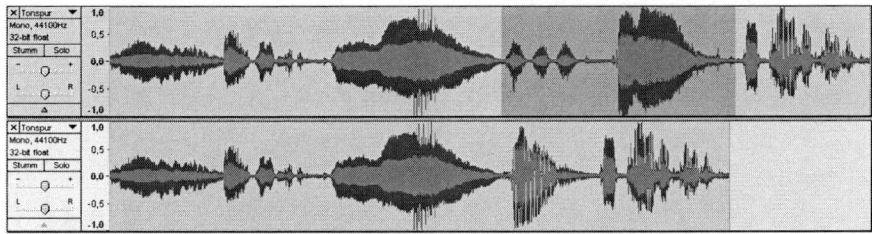

Markierung ausschneiden und den Inhalt der Zwischenablage einfügen.

Versuchen Sie bspw. den Bereich einer Stereotonspur in eine Monospur einzufügen, so werden Sie darauf hingewiesen, dass dies nicht möglich ist. Umgekehrt hingegen ist dies möglich.

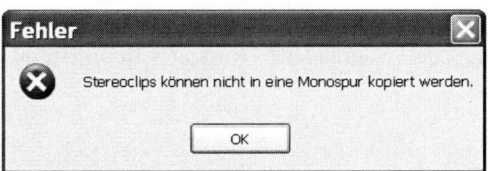

Stereo- und Monospuren können Sie nicht mischen.

3.3.5 Trimmen

Das Trimmen einer Tonspur bewirkt ein umgekehrtes Ausschneiden. Gehen Sie dazu so vor:

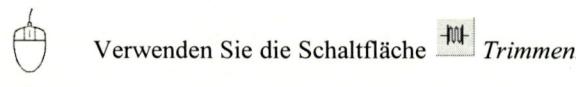 Verwenden Sie die Schaltfläche -⫯⫯⫯- *Trimmen.*

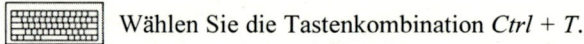 Wählen Sie die Tastenkombination *Ctrl + T.*

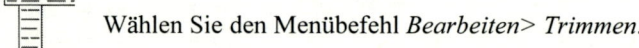 Wählen Sie den Menübefehl *Bearbeiten> Trimmen.*

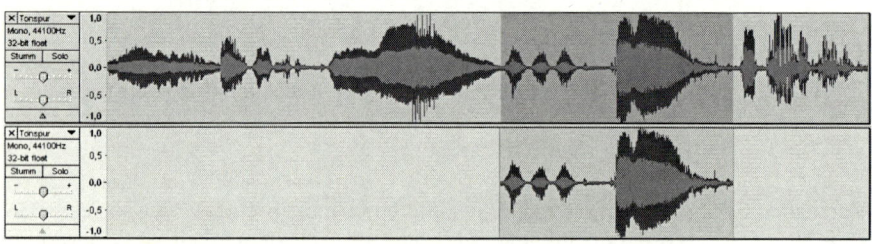

Das Trimmen löscht alles außerhalb der Markierung.

Der markierte Bereich verbleibt als Einziger in der Spur und auch auf der Zeitschiene an seinem Platz, während der Rest außerhalb der Markierung gelöscht wird.

3.3.6 Löschen und trennen

Für den Befehl *Löschen und trennen* gehen Sie so vor:

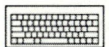 Wählen Sie die Tastenkombination *Ctrl + Alt + K*.

 Wählen Sie den Menübefehl *Bearbeiten> Löschen und trennen*.

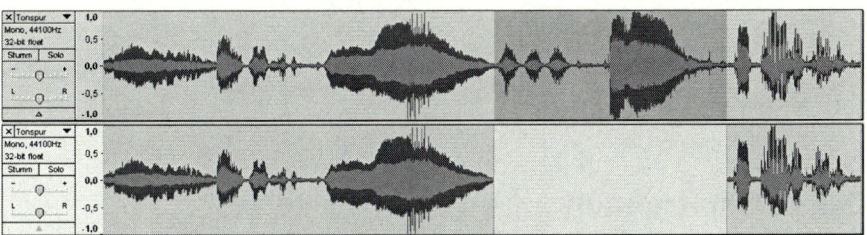

Das Löschen und Trennen.

Das Ergebnis von *Löschen und trennen* sind zwei voneinander getrennte Clips, während der markierte Bereich gelöscht wurde. Die Clips können nun mit dem Zeitverschiebungswerkzeug unabhängig voneinander auf der Zeitachse verschoben werden.

3.3.7 Auswahl in Stille umwandeln

Dieser Befehl trennt die Tonspur nicht, sondern löscht die Markierung und überschreibt sie danach mit Stille. Der Vorteil: Die Tonspur behält dabei exakt ihre zeitliche Länge. So wenden Sie diesen Befehl an:

 Verwenden Sie die Schaltfläche 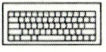 *Stille*.

 Wählen Sie die Tastenkombination *Ctrl + L*.

 Wählen Sie den Menübefehl *Bearbeiten> Auswahl in Stille umwandeln*.

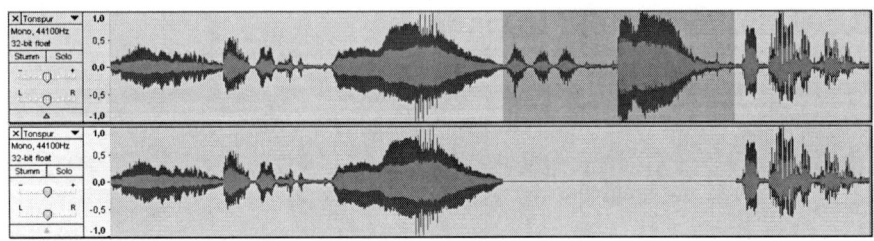

Der markierte Bereich wird ausgeschnitten und Stille eingefügt.

Wie in dem Beispiel oben zu sehen ist, ändert sich weder die Länge der Audiospur noch die zeitliche Position der Audiospur hinter der Markierung.

3.3.8 Clip trennen

Um den Clip an der Markierung zu trennen, stehen folgende Befehle zur Verfügung:

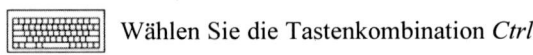 Wählen Sie die Tastenkombination *Ctrl + I.*

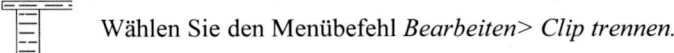 Wählen Sie den Menübefehl *Bearbeiten> Clip trennen.*

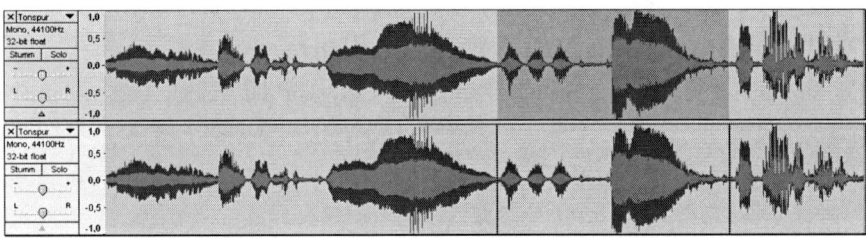

Die Tonspur wird in drei eigenständige Clips aufgetrennt.

Dass der Befehl ausgeführt wurde, sehen Sie nur an den zwei waagerechten Strichen, die sich dort befinden, wo zuvor die Enden der Markierung waren. Sie zeigen an, dass hier die Tonspur getrennt wurde und nun drei eigenständige Clips bestehen.

3.4 Befehlsübersicht

Hier noch einmal die komplette Befehlsübersicht:

Funktion	Symbol	Tastenkombination	Menübefehl
Ausschneiden	✂	Ctrl + X	Bearbeiten> Ausschneiden
Ausschneiden und trennen		Ctrl + Alt + X	Bearbeiten> Ausschneiden und trennen
Kopieren	🗐	Ctrl + C	Bearbeiten> Kopieren
Einfügen	📋	Ctrl + V	Bearbeiten> Einfügen
Trimmen	┤║├	Ctrl + T	Bearbeiten> Trimmen
Löschen		Ctrl + K	Bearbeiten> Löschen
Löschen und trennen		Ctrl + Alt + K	Bearbeiten> Löschen und trennen
Auswahl in Stille umwandeln	┤ᴗ├	Ctrl + L	Bearbeiten> Auswahl in Stille umwandeln
Clip trennen		Ctrl + I	Bearbeiten> Clip trennen
In neue Tonspur verschieben		Ctrl + Alt + I	Bearbeiten> In neue Tonspur verschieben

3.5 Schnitte optimal setzen

Selbst produziertes Audiomaterial wird selten so verwendet, wie es aufgenommen wurde. Meist sind zusätzliche Bearbeitungsschritte notwendig. Das wichtigste Gestaltungsmittel in der Audiobearbeitung ist der Schnitt. Die folgenden Punkte sollen Ihnen zeigen, wie ein Schnitt optimal mit Audacity umgesetzt wird. Die Reihenfolge der einzelnen Punkte hängt dabei vom gewünschten Ergebnis und den eigenen Vorstellungen ab.

3.5.1 Schnitt vorhören

Haben Sie eine Markierung für einen Schnitt platziert, so können Sie sich das Ergebnis im Vorfeld anhören und gegebenenfalls noch Änderungen vornehmen, bevor Sie den Schnitt letztendlich durchführen. Diese Funktion heißt *Schnitt vorhören*, die Sie wie folgt aufrufen: Wählen Sie auf Ihrer Tastatur die Taste *C*.

Standardmäßig hören Sie nun ab einer Sekunde vor der Schnittkante bis eine Sekunde nach der Schnittkante und können beurteilen, wie sich der Schnitt anhören wird.

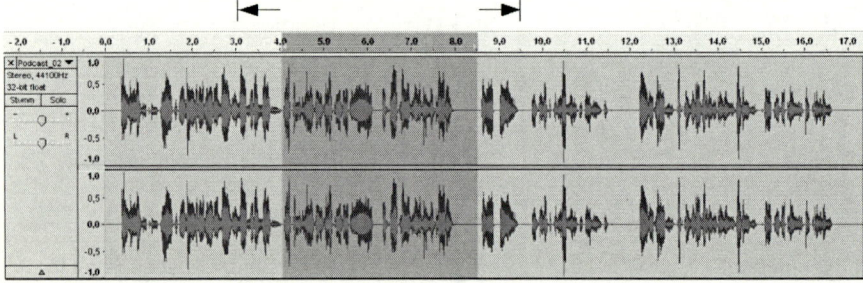

Schnittmarkierung und Abspielbereich.

Die waagerechte und in der Mitte unterbrochene Linie über der Audiospur soll hierbei den Abspielbereich der Funktion *Schnitt vorhören* in der Standardeinstellung darstellen.

Die Länge der Vorhörzeit kann im Fenster *Audacity Einstellungen*, welches über den Menübefehl *Bearbeiten> Einstellungen* oder die Tastenkombination *Ctrl + P* geöffnet wird, im Register *Audio E/A* unter *Schnitt vorhören* individuell vorgegeben werden.

3.5.2 Variable Abspielbereiche

Wenn Sie eine Markierung vorgenommen haben, so können Sie mit der Leertaste die Wiedergabe des markierten Bereichs starten und stoppen und mit der Taste *C* den möglichen Schnitt vorhören. Eventuell wollen Sie aber nur einen ganz bestimmten Teil noch einmal vor einem Schnitt hören. Für diesen Fall steht Ihnen die Taste *B* zur Verfügung, über die Sie, abhängig von der Position des Mauszeigers, verschiedene Teile innerhalb und außerhalb der Markierung abspielen können.

Befindet sich der Mauszeiger auf der linken Seite der Markierung, so wird die Spur über die Taste *B* ab dort bis zum Anfang der Markierung abgespielt.

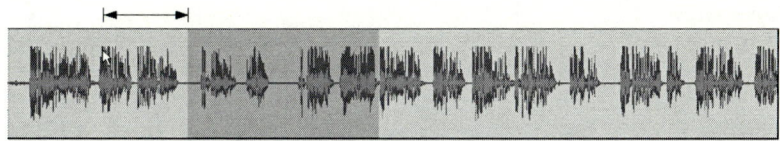

Wiedergabe ab Mauszeiger bis zur Markierung.

Befindet sich der Mauszeiger hingegen in der linken Hälfte der Markierung, so wird über die Taste *B* die Audiospur ab der Markierung bis zum Mauszeiger abgespielt.

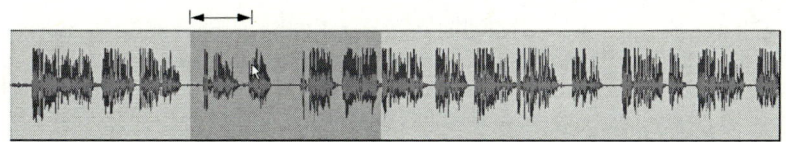

Wiedergabe ab Markierung bis zum Mauszeiger.

Befindet sich der Mauszeiger in der rechten Hälfte der Markierung, so bewirkt die Taste *B* die Wiedergabe ab diesem Punkt bis zum Ende der Markierung.

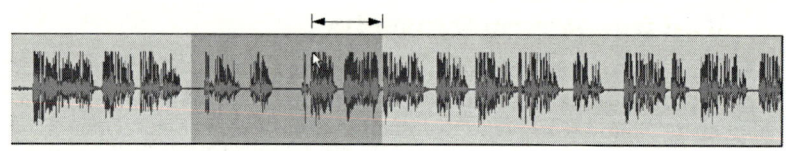

Wiedergabe ab Mauszeiger bis zur Markierung.

Befindet sich der Mauszeiger rechts von der Markierung, so bewirkt die Taste *B* das Abspielen der Audiospur ab dem rechten Ende der Markierung bis zur Position des Mauszeigers.

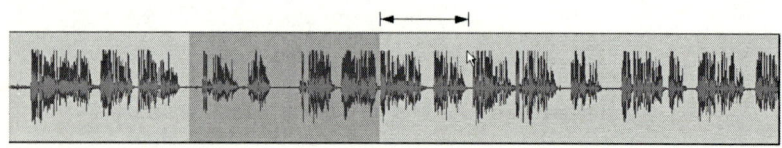

Wiedergabe ab Markierung bis zum Mauszeiger.

Für alle Beispiele mit der Taste *B* gilt, dass nur die horizontale, nicht aber die vertikale Position des Mauszeigers relevant ist.

Schließlich gibt es noch eine Möglichkeit, mit der Sie sich schnell einen bestimmten Bereich direkt anhören können. Hierzu markieren Sie in der Zeitleiste oberhalb der Audiospur bei gehaltener Maustaste einen Bereich, der unmittelbar abgespielt wird.

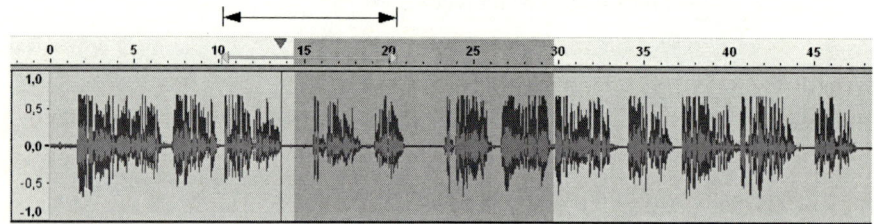

Markierungen in der Zeitleiste werden unmittelbar abgespielt.

3.5.3 Nulldurchgang finden

Nulldurchgang bezeichnet die Stelle einer Welle, wo sie die x-Achse schneidet, also vom negativen in den positiven Bereich oder umgekehrt wechselt.

Um einen störungsfreien Schnitt zu setzen, sollte an solch einem Nulldurchgang geschnitten werden. Voraussetzung hierfür ist, dass ein Sample auch möglichst genau auf der Nulllinie liegen muss. Audacity verfügt mit dem Menübefehl *Bearbeiten> Nulldurchgang finden* über eine exzellente Methode die jeweiligen Nulldurchgänge zu finden. Dies ist insbesondere bei Stereospuren eine enorme Hilfe, da es hier oft sehr schwierig sein kann, einen geeigneten Punkt zu finden, an dem sich in beiden Kanälen gleichzeitig ein Nulldurchgang befindet.

Gehen Sie wie folgt vor, um die Schnitte an einem Nulldurchgang durchzuführen:

- Nehmen Sie die Markierung für den Schnitt vor.

- Wählen Sie den Menübefehl *Bearbeiten> Nulldurchgang finden* bzw. die Taste Z. Audacity passt nun die Schnittkanten automatisch an.

- Führen Sie den Schnitt durch.

Findet sich auch mit dem Menübefehl *Bearbeiten> Nulldurchgang finden* keine geeignete Stelle für den Schnitt, dann löscht Audacity die Markierung und springt zum nächsten Nulldurchgang. In diesem Fall können Sie sich dadurch helfen, dass Sie ein extrem kurzes Einblenden (Fade-In) bzw. Ausblenden (Fade-Out) an den gewünschten Schnittkanten anwenden.

Hierbei reichen einige Samples Länge, die einzig das Ziel haben, die Wellenform so zu gestalten, dass der benötigte Nulldurchgang geschaffen wird.

3.6 *Die verschiedenen Spuren*

Audacity kennt nicht nur verschiedene Tonspuren, sondern auch Text-, Zeit- und Midispuren.

Neue Spuren legen Sie an, indem Sie den Menübefehl *Spuren> Neue Spur anlegen* wählen und im Untermenü die entsprechende Spur aussuchen.

Anlegen von neuen Spuren.

3.6.1 Die Tonspuren

Die wichtigsten Spuren sind zweifellos die Tonspuren, sie beinhalten die Audiodaten. Der Spurkopf liefert hierbei einen schnellen Überblick zu den wichtigsten Parametern der dargestellten Audiodaten und bietet die Möglichkeit, verschiedene Einstellungen und die Darstellung zu ändern.

Standardmäßig erscheinen Audiodaten in der linearen Wellenformdarstellung, bei der die Amplitude grafisch dargestellt wird. Ein großer Ausschlag der Wellenform steht bei dieser Darstellung für eine hohe Lautstärke, während kleine Ausschläge leise Stellen bedeuten. Stille wird dementsprechend durch eine gerade Linie auf der Mittellage ohne Ausschlag nach oben oder unten dargestellt.

Über den Spurkopf der Tondatei können andere Darstellungsarten wie z. B. eine logarithmische Wellenform, eine Frequenzverteilung (*Spektrum*) oder die Grundfrequenzen (*EAC*) gewählt werden.

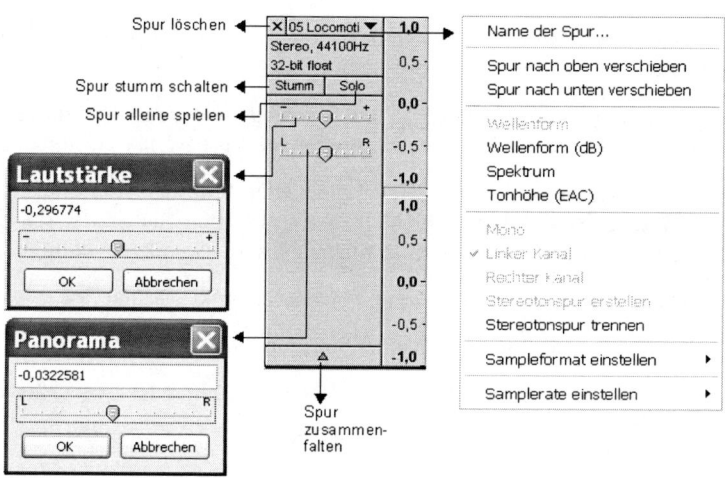

Der Spurkopf einer Tonspur und seine Funktionen.

Klicken Sie oben links auf das Kreuz, so wird die Spur gelöscht. Doch auch dieser Arbeitsschritt kann über die Schaltfläche ↶ *Rückgängig* zurückgenommen werden.

Ein Klick auf den Spurnamen bzw. den nach unten gerichteten Pfeil öffnet das oben rechts abgebildete Kontextmenü, das folgende Funktionen und Befehle bietet:

- **Name der Spur**: Öffnet das Fenster *Spurname*, in dem Sie den Namen eingeben können.

- **Spur nach oben verschieben**: Verschiebt die Spur um einen Platz nach oben. Dieser Befehl ist nur aktiv, wenn über der aktuellen Spur eine weitere Spur vorhanden ist.

- **Spur nach unten verschieben**: Verschiebt die Spur um einen Platz nach unten. Dieser Befehl ist nur aktiv, wenn unter der aktuellen Spur eine weitere Spur vorhanden ist.

- **Wellenform**: Standardansicht beim Laden einer Audio-Datei, die eine lineare Darstellung bietet.

- **Wellenform (db)**: Zeigt die Wellenform der Audio-Datei in einer logarithmischen Darstellung.

- **Spektrum**: Zeigt die Zusammensetzung der Frequenzen des Audiosignals.

- **Tonhöhe (EAC)**: Darstellung der grundlegenden Frequenzen des Audiosignals mithilfe des Enhanced Autocorrelation (EAC) Algorithmus.

- **Mono**: Hiermit definieren Sie eine einzelne Spur als Monospur. Bei Stereospuren ist dieser Befehl nicht aktiv. Trennen Sie die Stereospur zunächst, um den Befehl auf eine einzelne Spur anwenden zu können.

- **Linker Kanal**: Legt eine Mono-Tonspur als linken Kanal fest.

- **Rechter Kanal**: Legt eine Mono-Tonspur als rechten Kanal fest.

- **Stereotonspur erstellen**: Dieser Befehl erstellt aus zwei Monospuren eine Stereospur.

- **Stereotonspur auftrennen**: Trennt eine Stereospur in zwei Monospuren auf, wobei zunächst eine Spur linker und die andere rechter Kanal ist.

- **Sampleformat einstellen**: Hier legen Sie das Sampleformat bzw. die Sampletiefe und damit die Qualität und den Dynamikumfang fest. Wählen Sie zwischen 16-bit PCM (CD-Qualität, Dynamikumfang von ca. 96 db), 24-bit PCM (Standard Studioaufnahmequalität, Dynamikumfang von ca. 144 db) und 32-bit float (Fließkomma-Präzisionsformat mit einem Dynamikumfang von theoretisch 192 db) für die Arbeit mit vielen Effekten, allerdings auch mit dem höchsten Speicherbedarf sowohl beim Arbeitsspeicher als auch beim Festplattenspeicher.

- **Samplefrequenz einstellen**: Legen Sie hier die Samplefrequenz fest. Standards sind bspw. 44100 Hz (Audio-CD-Format), 48000 Hz (Standard-Video-Ton), 96000Hz (Studio-Aufnahme-Qualität). Verschiedene Spuren können verschiedene Einstellungen haben und werden beim Abspielen und Exportieren in die jeweilige Projekt-Samplerate konvertiert.

Unterhalb des Spurnamens finden Sie die Eigenschaften der Spur aufgelistet. Im Beispiel oben *Stereo, 44100 Hz, 32-bit float*.

Generell wird zwischen Stereospuren, Monospuren, linken und rechten Spuren unterschieden. Im Spurkopf wird die jeweilige Art der Tonspur angezeigt.

Verschiedene Tonspuren.

Aus einer Stereospur können Sie eine Monospur erzeugen, indem Sie den Menübefehl *Spuren> Stereo in Mono umwandeln* wählen. Um eine linke und eine rechte Spur zu erzeugen, öffnen Sie hingegen das Kontextmenü des Spurkopfes, indem Sie auf den Namen klicken und im Kontextmenü den Befehl *Stereotonspur trennen* wählen.

Klicken Sie hier oder auf eine freie Fläche unterhalb der beiden Regler, so markieren Sie die gesamte Audiospur, die dann etwas dunkler eingefärbt dargestellt wird.

Die Schaltflächen *Stumm* und *Solo* bieten folgende Funktionen:

- **Stumm**: Schaltet die gesamte Spur für die Wiedergabe aus bzw. an. Die Stellung dieser Schaltfläche spielt für das Abmischen oder Exportieren keine Rolle.

- **Solo**: Schaltet alle übrigen Spuren auf stumm, so dass lediglich diese Spur abgespielt wird. Die Stellung dieser Schaltfläche spielt für das Abmischen oder Exportieren keine Rolle.

Direkt unter den beiden Schaltflächen befinden sich die Regler für *Lautstärke* und *Panorama*. Nehmen Sie Ihre Einstellungen über die vorhandenen Regler vor oder führen Sie auf einer der Skalen einen Doppelklick aus, um so das entsprechende Eingabefenster zu öffnen und Ihre Einstellung direkt eingeben zu können. Über den Regler *Panorama* können Sie den Stereoeffekt eines Stereosignals einstellen.

Schließlich befindet sich am unteren Ende des Spurkopfes die Schaltfläche mit dem Pfeil nach oben, über die Sie die Spur zusammenfalten bzw. zusammengefaltete Spuren (Pfeil nach unten) auseinanderfalten.

Die Breite der Spuren lässt sich auch über die Maus einstellen. Führen Sie dazu den Mauszeiger rechts des Spurkopfs an die untere Kante, bis der Mauszeiger seine Form in einen senkrechten Doppelpfeil ändert, und ziehen Sie dann bei gedrückter Maustaste die Spur auf die gewünschte Größe.

3.6.2 Die Textspur

Die Textspur ist dazu geeignet, kurze Stichwörter oder Kommentare in Textmarken zur Orientierung festzuhalten. Zusätzlich können Tonspuren anhand der
Markierungen von Textmarken auch geschnitten werden (siehe dazu Punkt 4.1,
Tonspuren über Textmarken schneiden). Textmarken können dabei einen bestimmten Punkt oder einen bestimmten Bereich markieren, wie im unteren Beispiel zu
sehen ist.

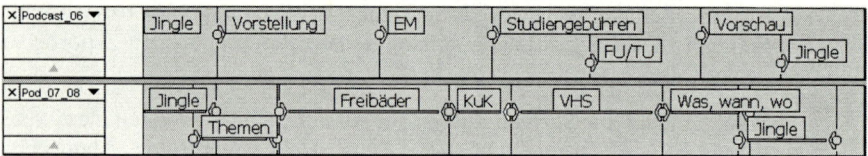

Ein Beispiel zweier Textspuren.

So erzeugen Sie Textmarken:

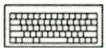 Setzen Sie dazu zunächst den Cursor auf die gewünschte Po-
sition oder markieren Sie einen Bereich in der Tonspur und
erzeugen danach über die Tastenkombination *Ctrl + B* die
Textmarke, die nun einen exakten Zeitpunkt oder einen bestimmten Zeitraum auf der Textspur einnimmt.

Alternativ können Sie direkt während des Abspielens Textmarken mit der Tastenkombination *Ctrl + M* setzen.

 Öffnen Sie über den Menübefehl *Spuren> Textmarken bearbeiten* das gleichnamige Fenster und geben Sie dort die Werte
für die Textmarken ein.

Nach dem Setzen einer Textmarke über eine der Tastenkombinationen steht der
Cursor in der Textmarke und Sie können direkt den gewünschten Text über Ihre
Tastatur eingeben.

Arbeiten Sie mit dem Fenster *Textmarken bearbeiten,* so können Sie dort auch das
Zeitformat ändern. Klicken Sie dazu einfach zweimal in ein Feld für die Zeiteinträ-
ge und öffnen Sie dann über einen Mausklick auf den kleinen Pfeil nach unten das
entsprechende Untermenü.

Alternativ können Sie, wenn Sie sich bereits im Eingabemodus befinden, mit einem rechten Mausklick auf das Zeitfenster das Untermenü mit den verschiedenen Zeitformaten aufrufen.

Das Fenster *Textmarken bearbeiten*.

Um eine Textmarke zu löschen, gehen Sie so vor:

Markieren Sie den Bereich der Textmarke in der Textspur und löschen Sie die Textmarke mit einer der folgenden Möglichkeiten.

 Verwenden Sie die Schaltfläche *Stille.*

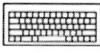 Wählen Sie die Tastenkombination *Ctrl + L* oder alternativ die Entf-Taste oder die Rücklöschtaste (Backspace-Taste).

 Wählen Sie den Menübefehl *Bearbeiten> Auswahl in Stille umwandeln.*

Über das Kontextmenü des Spurkopfs können Sie die Textspur umbenennen, eine Schrift auswählen und die Textspur nach oben oder unten verschieben.

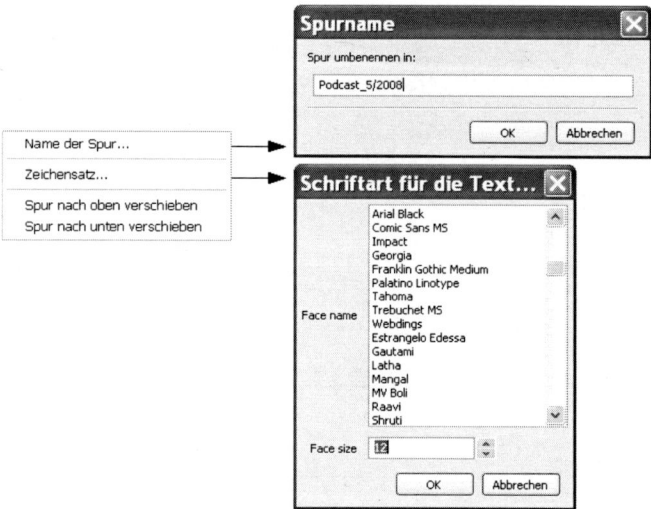

Kontextmenü der Textspur mit weiteren Arbeitsfenstern.

Zur Erläuterung:

- **Name der Spur**: Öffnet das Fenster *Spurname*, in dem Sie der Spur einen aussagekräftigen Namen geben können.

- **Zeichensatz**: Wählen Sie einen Zeichensatz und eine Schriftgröße aus.

- **Spur nach oben verschieben**: Dieser Befehl verschiebt die Textspur um eine Spur nach oben und ist nur aktiv, wenn sich über der Textspur wenigstens eine weitere Spur befindet.

- **Spur nach unten verschieben**: Dieser Befehl verschiebt die Textspur um eine Spur nach unten und ist nur aktiv, wenn sich unter der Textspur wenigstens eine weitere Spur befindet.

3.6.3 Die Zeitspur

Eine Zeitspur legen Sie über den Menübefehl *Spuren> Neue Spur anlegen> Zeitspur* an. Über die Zeitspur kann die Abspielgeschwindigkeit der Tonspur stufenlos geändert werden. Um Grundeinstellungen vorzunehmen, wie z. B. den Namen oder den Bereich der Geschwindigkeitsveränderung festzulegen, klicken Sie mit dem Mauszeiger einmal auf die Bezeichnung *Zeitspur* bzw. den nach unten gerichteten Pfeil im Spurkopf und das nachstehende Kontextmenü wird geöffnet.

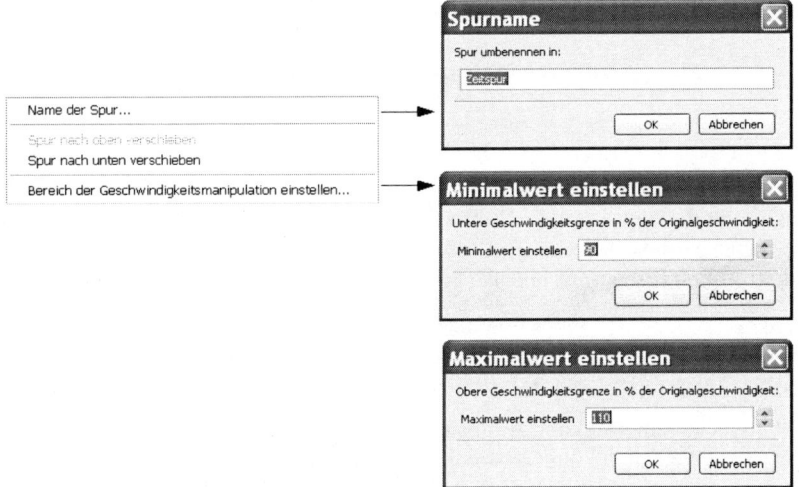

Kontextmenü der Zeitspur.

Die Menüs im Einzelnen:

- **Name der Spur**: Öffnet das Fenster *Spurname*, in dem Sie der Spur einen aussagekräftigen Namen geben können.

- **Spur nach oben verschieben**: Dieser Befehl verschiebt die Zeitspur um eine Spur nach oben und ist nur aktiv, wenn sich über der Zeitspur wenigstens eine weitere Spur befindet.

- **Spur nach unten verschieben**: Dieser Befehl verschiebt die Zeitspur um eine Spur nach unten und ist nur aktiv, wenn sich unter der Zeitspur wenigstens eine weitere Spur befindet.

- **Bereich der Geschwindigkeitsmanipulation bestimmen**: Hier können Sie einen Minimalwert der Geschwindigkeitsgrenze in Prozent der Originalgeschwindigkeit (>= 13) und einen Maximalwert (<=1200) festlegen. Standardmäßig sind 90 und 110 % voreingestellt.

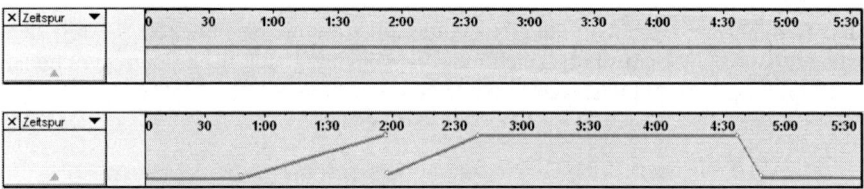

Unbearbeitete und bearbeitete Zeitspur.

Mit dem Hüllkurvenwerkzeug können Sie die Zeitspur bearbeiten und so ähnliche Effekte wie die eines zu schnell bzw. zu langsam laufenden Plattenspielers erzeugen. Dabei wird ein höherer Ton erzeugt wenn die Tonspur schneller läuft und ein tieferer, wenn die Tonspur langsamer läuft.

3.6.4 Die MIDI-Spur

Wie bereits angemerkt, kann Audacity zwar noch keine MIDI-Dateien weiterverarbeiten, aber die Daten können bereits als Spur angezeigt werden. Für künftige Versionen ist zudem eine MIDI-Unterstützung geplant. Eine MIDI-Spur können Sie nicht anlegen, sondern nur über das Importieren einer MIDI-Datei erzeugen.

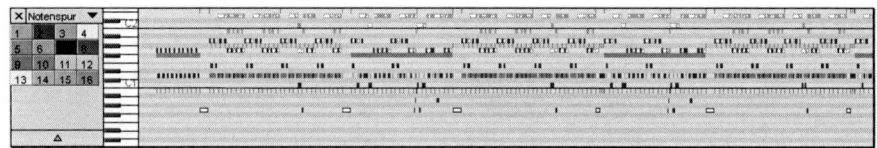

Beispiel für die Darstellung einer MIDI-Datei.

Bei MIDI handelt es sich um sogenannte Steuerinformationen für Musikinstrumente oder Soundkarten. Hierbei werden bspw. das Musikinstrument, die Note, die Lautstärke, die Balance und weitere Informationen festgelegt. Im Gegensatz zu digitalen Audio-Dateien sind MIDI-Dateien sehr klein. Bereits eine Größe von ca. 10 KB reicht für eine Minute Musik. Komplexe Klänge wie die menschliche Stimme können allerdings mit MIDI nicht reproduziert werden. Zusätzlich besteht die Gefahr, dass dieselbe MIDI-Datei mit verschiedener Hardware sehr unterschiedlich klingt, da in der MIDI-Datei nur die „Noten", nicht aber die Klänge der einzelnen Instrumente gespeichert werden.

Per Mausklick können Sie im Spurkopf die einzelnen Kanäle ein- und ausblenden. Das Kontextmenü des Spurkopfs bietet die im folgenden Bild dargestellten Einträge.

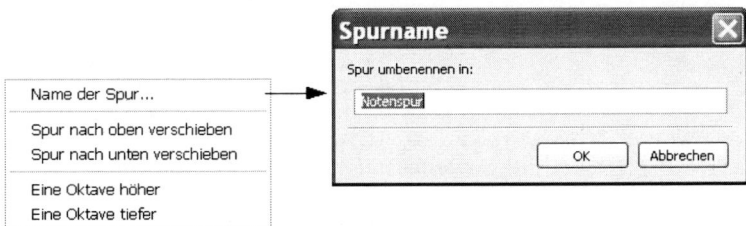

Kontextmenü einer Midispur.

Wie bereits geschrieben, existiert im Moment noch keine Unterstützung für Midispuren. Sie können lediglich angezeigt, jedoch weder abgespielt noch bearbeitet werden. Die Menüs:

- **Name der Spur**: Öffnet das Fenster *Spurname*, in dem Sie der Spur einen aussagekräftigen Namen geben können.

- **Spur nach oben verschieben**: Dieser Befehl verschiebt die MIDI-Spur um eine Spur nach oben und ist nur aktiv, wenn sich über der MIDI-Spur wenigstens eine weitere Spur befindet.

- **Spur nach unten verschieben**: Dieser Befehl verschiebt die MIDI-Spur um eine Spur nach unten und ist nur aktiv, wenn sich unter der MIDI-Spur wenigstens eine weitere Spur befindet.

- **Eine Oktave höher**: Zeigt die nächst höhere Oktave der MIDI-Spur an.

- **Eine Oktave tiefer**: Zeigt die nächst tiefere Oktave der MIDI-Spur an.

3.7 *Aufnahmen*

Mit Audacity sind Aufnahmen von verschiedenen Quellen möglich, die wiederum von der Ausstattung Ihres Rechners abhängen. Verfügen Sie bspw. über ein Mikrofon, welches über einen geeigneten Anschluss zu Ihrer Soundkarte am Computer verfügt, so können Sie darüber Aufnahmen erstellen.

Wählen Sie dazu im Listenfenster des Pegelreglers den Eintrag *Mikrofon.*

Pegelregler mit Listenfenster für die Aufnahmequelle.

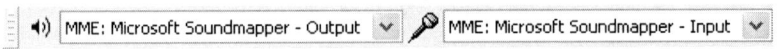

Werkzeugleiste *Aufnahmegeräte* unter Windows.

Je nach Soundkarte und verwendetem Soundsystem kann das Listenfeld noch wesentlich mehr als die zuvor dargestellten Einträge beinhalten.

Im zuvor dargestellten Fall mit drei Einträgen im Listenfenster wählen Sie *Stereomix,* wenn Sie die Ausgabe eines anderen Programmes aufnehmen wollen, *Line-In* für angeschlossene Geräte wie Plattenspieler, Kassettenrecorder oder Minidisc-Player und *Mikrofon* für Aufnahmen über ein direkt in die Soundkarte eingestöpseltes Mikrofon.

Über die zwei Schieberegler können die *Ausgabelautstärke* und der *Aufnahmepegel* der Aufnahmequelle eingestellt werden. Beide Werte können getrennt voneinander eingestellt werden.

3.8 *Arbeiten mit Tastenkombinationen*

Arbeiten Sie sehr viel mit dem Programm, so sollten Sie die verschiedenen Tastenkombinationen lernen, mit denen Sie wesentlich schneller arbeiten können. Sie finden die Tastenkombinationen zum einen hinter den einzelnen Menübefehlen sowie in den *Einstellungen* (Menübefehl *Bearbeiten> Einstellungen* oder die Tastenkombination Ctrl + P), wo Sie auch individuelle Anpassungen und Erweiterungen vornehmen können. Zur besseren Übersicht werden hier die Befehle in der alphabetischen Reihenfolge ihrer Funktionen dargestellt:

Taste bzw. Tastenkombination	Funktion
Ctrl + A	Alles auswählen
R	Aufnahme
Ctrl + X	Ausschneiden
Ctrl + Alt + X	Ausschneiden und trennen
Ctrl + E	Auswahl in Fenster einpassen
Ctrl + L	Auswahl in Stille umwandeln
Ctrl + 3	Auszoomen – Verkleinern
Ctrl + Q	Beenden
Ctrl + Alt + J	Bei Stille trennen
Ctrl + I	Clip trennen
Ctrl + J	Clips verbinden
Ctrl + V	Einfügen
Ctrl + P	Einstellungen
Ctrl + 1	Einzoomen – Vergrößern
Ctrl + Shift + I	Importieren
Ctrl + D	In neue Tonspur kopieren
Ctrl + Alt + I	In neue Tonspur verschieben
Alt + L	In Stille umwandeln
Ctrl + 2	Kein Zoom – Normal

Taste bzw. Tasten- kombination	Funktion
Ctrl + C	Kopieren
Ctrl + R	Letzten Effekt wiederholen
Ctrl + K	Löschen
Ctrl + Alt + K	Löschen und trennen
L oder Shift + Leertaste	Loop (spielt die Markierung bzw. die Spur endlos ab)
D	Nächstes Werkzeug
Ctrl + N	Neu
Ctrl + Shift + N	Neue Spur anlegen (Monospur)
Z	Nulldurchgang finden
P	Pause/Pause aufheben
Ctrl + F	Projekt ins Fenster einpassen
Ctrl + Shift + S	Projekt speichern unter
Ctrl + Z	Rückgängig
Ctrl + W	Schließen
Ctrl + X	Schnitt
Ctrl + S	Speichern
Ctrl + Shift + S	Speichern unter
Ctrl + Shift + F	Spuren vertikal einpassen
Ctrl + Shift + X	Spuren auseinanderfalten
Ctrl + Shift + C	Spuren zusammenfalten
Ctrl + Shift + M	Spuren zusammenführen
Leertaste	Start/Stopp der Wiedergabe
Ctrl + L	Stille

Taste bzw. Tasten-kombination	Funktion
S	Stopp
Ctrl + B	Textmarke an Cursor/Auswahl hinzufügen
Ctrl + M	Textmarke während Wiedergabe hinzufügen
Ctrl + T	Trimmen
Ctrl + O	Öffnen
Z	Überschneidungen finden
A	Vorheriges Werkzeug
1	Wiedergabe (1 Sekunde)
B	Wiedergabe bis zur Markierung
Ctrl + Y	Wiederholen

Standardmäßig sind die Funktionstasten *F1* bis *F6* mit den Audacity-Werkzeugen der gleichnamigen Symbolleiste belegt:

Funktionstaste	Belegung
F1	Auswahlwerkzeug
F2	Hüllkurvenwerkzeug
F3	Zeichenwerkzeug
F4	Zoomwerkzeug
F5	Zeitverschiebungswerkzeug
F6	Multifunktionswerkzeug

Zur Werkzeugauswahl stehen zusätzlich – wie in der Tabelle oben vermerkt – der Buchstabe *D* für die Auswahl des nächsten Werkzeugs und der Buchstabe *A* für die Auswahl des vorherigen Werkzeugs zur Verfügung.

4 Anwendungsbeispiele

In diesem Kapitel werden einige Anwendungsbeispiele dargestellt, die helfen sollen, Sie mit der Arbeitsweise des Programms vertrauter zu machen.

4.1 *Tonspuren über Textmarken schneiden*

Mit Audacity ist es möglich, Tonspuren mithilfe der gesetzten Textmarken zu schneiden. Wie in Punkt 3.6.2, Die Textspur, gezeigt wird, lassen sich Textmarken auf ganz verschiedene Arten setzen und löschen. Unter anderem können Sie auch während des Hörens einer Audiospur Textmarken setzen. Dazu steht Ihnen die Tastenkombination *Ctrl + M* zur Verfügung. Diese Vorgehensweise eignet sich z. B. gut, um in Interviews die Fragen und Antworten zu trennen.

Im folgenden Beispiel wird gezeigt, wie Sie eine Audiospur über die Textmarken in einzelne Sequenzen schneiden können. Gehen Sie dazu so vor:

- Laden Sie zunächst die gewünschte Audio-Datei über den Menübefehl *Datei> Öffnen* bzw. *Datei> Importieren* oder nehmen Sie eine neue Datei auf.

- Spielen Sie die Audiospur ab und setzen Sie die Textmarken während des Hörens der Audiospur über die Tastenkombination *Ctrl + M.*

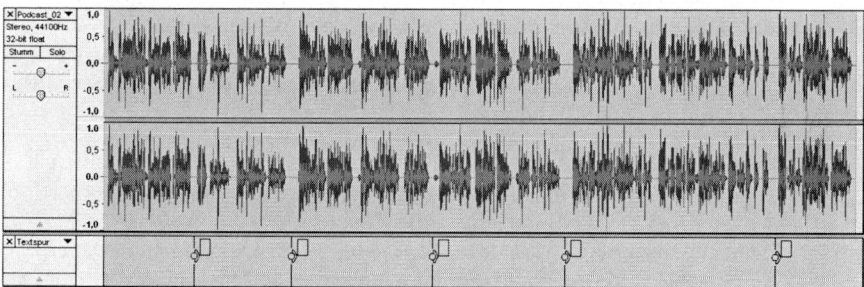

Audiospur mit Textmarken.

- Öffnen Sie über den Menübefehl *Datei> Mehrere Dateien exportieren* das gleichnamige Fenster und legen Sie hier die Speicherung der einzelnen Teile fest. Die Dateien werden nun entsprechend den Angaben erstellt.

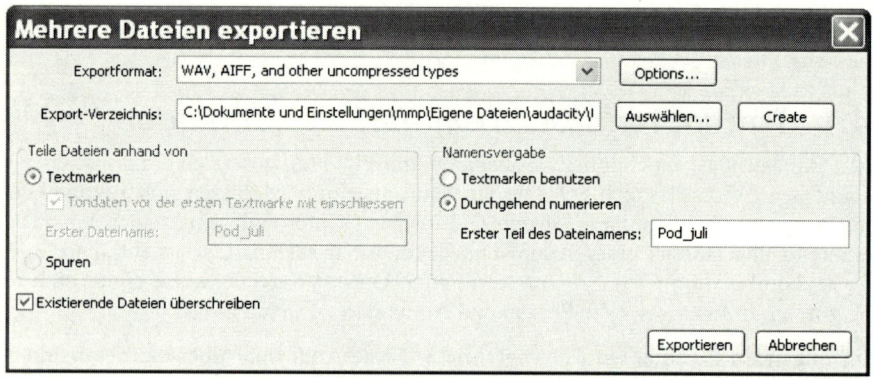

Das Fenster *Mehrere Dateien exportieren.*

Die folgenden Einstellmöglichkeiten haben Sie im Fenster *Mehrere Dateien exportieren*:

- **Exportformat**: Über dieses Listenfeld bestimmen Sie das Format, in dem die einzelnen Dateien exportiert werden. Sie können bei installiertem MP3-Encoder zwischen WAV, AIFF, MP3, MP2, FLAG, OGG und anderen unkomprimierten Dateiformaten wählen. Wollen Sie bspw. eine Audio-CD erstellen, so sollten Sie als Exportformat zunächst den Punkt *WAV, AIFF and other uncompressed types* wählen und über die Schaltfläche *Options* dann das Format WAV festlegen.

- **Options**: Öffnet das entsprechende Fenster zu dem voreingestellten Exportformat, in dem die Qualität festgelegt werden kann. Beim Exportformat MP3 öffnet sich hier bspw. das Fenster *MP3-Optionen einstellen*, in dem Sie zunächst den *Bit-Rate-Modus* festlegen können. Hier wählen Sie zwischen *Preset* (vorgegebene variable und fixe Qualitätsstufen der Datenübertragungsrate), *Bereich* (festgelegte Übertragungsbereiche), *Average* (Durchschnittsübertragungen) und *Festwert* (fixe Übertragungsraten). Im Listenfeld *Quality* legen Sie die gewünschte Qualitätsstufe fest. Das Listenfeld *Variable Geschwindigkeit* ist nur bei den Bit-Rate-Modi *Preset* und *Bereich* aktiviert und bietet die Auswahl zwischen *Fast* (schnell) und

Standard. Bei *Channel Mode* können Sie zwischen den Optionsfeldern *Joint Stereo* (hier kommt ein Algorithmus zum Einsatz, mit dessen Hilfe bei gleichbleibender Datenrate eine höhere Qualität erzeugt werden kann) und *Stereo* wählen.

Die MP3-Qualität festlegen.

- **Export-Verzeichnis**: Wählen Sie hier, an welcher Stelle die Dateien gespeichert werden sollen. Über die Schaltfläche *Auswählen* öffnen Sie ein Fenster Ihres Dateimanagers, in dem Sie einen Ordner wählen können, und über die Schaltfläche *Create* legen Sie einen neuen Ordner an.

- **Teile Dateien anhand von...**: Wählen Sie zwischen *Textmarken* und *Spuren.* Die Auswahl *Textmarken* verfügt noch über die Unteroption *Tondaten vor der ersten Textmarke mit einschließen*, die bewirkt, dass die erste Datei die Tondaten vom Anfang bis zur ersten Textmarke enthält. Standardmäßig wird im Feld *Erster Dateiname* der Spurname übernommen, diesen können Sie jedoch beliebig anpassen. Die Option *Spuren* ist nur aktiv, wenn tatsächlich mehrere Spuren vorhanden sind.

- **Namensvergabe**: Legen Sie hier die Namensgebung für die einzelnen Dateien fest. Die Option *Textmarken benutzen* übernimmt die Bezeichnungen der Textmarken als Dateinamen, während die Option *Durchgehend nummerieren* die Dateien beginnend mit 1 fortlaufend durchnummeriert. Das Feld *Erster Teil des Dateinamens* kann wieder beliebig geändert werden und steht entsprechend im Dateinamen vor der jeweiligen Bezeichnung der Textmarke bzw. der Nummerierung.

- **Existierende Dateien überschreiben**: Diese Option überschreibt bereits bestehende gleichnamige Dateien ohne erneute Abfrage.

4.2 *Hintergrundgeräusche entfernen*

Kleinere Störungen können mit diesem Werkzeug behoben werden. Dieser Effekt kann jedoch nur sehr kleine Stellen von maximal 128 Samples verarbeiten. Haben Sie einen größeren Bereich markiert, so werden Sie darauf hingewiesen.

Der Hinweis, dass ein zu großer Bereich gewählt wurde.

Oftmals ist es zunächst sehr schwierig, eine Störung genau zu lokalisieren. Ein gutes Hilfsmittel ist die Schaltfläche *Auswahl einpassen* 🔍, die den markierten Bereich der Tonspur in das Audacity-Fenster einpasst. So können Sie sich kontinuierlich an die gewünschte Stelle herantasten.

Handelt es sich um eine Übersteuerung, so hilft hier auch der Menübefehl *Ansicht> Übersteuerungen anzeigen*. Im folgenden Beispiel wurde die Fehlerstelle so gefunden.

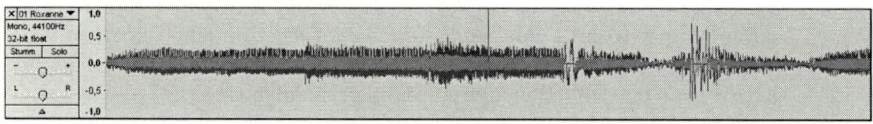

Fehlersuche mit dem Menübefehl *Ansicht> Übersteuerungen anzeigen*.

Die Übersteuerung wird deutlich mit einem senkrechten roten Strich angezeigt.

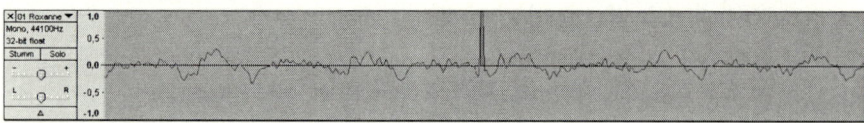

Vergrößert zeigen sich zwei Übersteuerungen.

Der Bereich der Fehlerstelle sollte nun markiert werden und über die Schaltfläche *Auswahl einpassen* in der Ansicht entsprechend vergrößert werden. Zunächst sollte noch weiter eingezoomt werden, um die einzelnen Samples zu sehen, um dann den fehlerhaften Bereich für die Funktion *Reparieren* zu markieren.

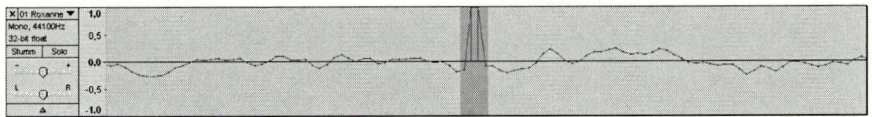

Jetzt kann der Effekt *Reparieren* angewendet werden.

Wenden Sie nun die Funktion *Reparieren* auf den markierten Bereich an.

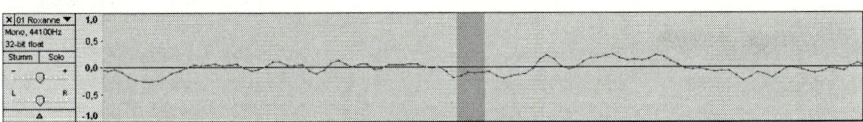

Die reparierte Stelle.

5 Effekte

Abhängig von dem Betriebssystem, mit dem Sie arbeiten, steht Ihnen nach der Installation eine Anzahl von Effekten zur Verfügung. Das liegt unter anderem daran, dass manche Effekte nur für bestimmte Betriebssysteme entwickelt wurden. Die fest installierten Effekte sollen in diesem Kapitel genauer betrachtet und abschließend die Installation weiterer optionaler Effekte beschrieben werden.

5.1 *Effekte anwenden*

Für viele, die sich noch nicht allzu lange mit Audiobearbeitung beschäftigen, kann das Arbeiten mit Effekten schnell frustrierend sein, da oft nicht genau der erwünschte Effekt erzielt werden kann. Hier kann die im Folgenden beschriebene Arbeitsweise Abhilfe schaffen, die dazu geeignet ist, einen Effekt zu isolieren, um ihn dann kontrolliert einmischen zu können.

Im Folgenden wird gezeigt, wie Sie vorgehen müssen, um den Effekt *Bass-Verstärkung* gezielt einmischen zu können. Der Einfachheit halber und zur besseren Übersicht wird im Beispiel mit einer Monospur gearbeitet. Das Verfahren lässt sich aber auch problemlos auf Stereospuren anwenden.

Starten Sie zunächst Audacity.

- Laden Sie eine Tondatei über den Menübefehl *Projekt> Audio Importieren*.

- Markieren Sie die gesamte Tonspur, indem Sie auf eine freie Stelle im Spurkopf klicken. Die Spur wird nun etwas dunkler dargestellt.

- Duplizieren Sie die Spur über den Menübefehl *Bearbeiten> In neue Tonspur kopieren* bzw. über die Tastenkombination *Ctrl + D*. Sie sollten nun zwei identische Tonspuren sehen.

- Markieren Sie die untere Tonspur und wenden Sie den Effekt *Invertieren* an. Dieser Effekt kehrt die Polarität des ausgewählten Audiomaterials um.

- Erstellen Sie eine weitere Kopie der Originalspur, indem Sie diese markieren und über den Menübefehl *Bearbeiten> In neue Tonspur kopieren* oder die Tastenkombination *Ctrl + D* duplizieren. Sie sollten nun die Originalspur, die invertierte Spur und die Kopie der Originalspur sehen.

- Wenden Sie nun den gewünschten Effekt auf die Kopie des Originals an. In diesem Beispiel verwenden wir eine Bass-Verstärkung von 4 dB bei 200 Hz.

- Markieren Sie nun die mit dem Effekt bearbeitete Kopie der Originalspur und die invertierte Spur, indem Sie bei gehaltener Umschalttaste in die jeweiligen Spurköpfe klicken und erstellen Sie aus den beiden über den Menübefehl *Spuren> Spuren zusammenführen* eine neue Spur.

- Spielen Sie nun beide Spuren gemeinsam ab und regeln Sie über die Lautstärkeregler der beiden Tonspuren das Verhältnis von Originalsignal zu Effekt.

- Haben Sie das richtige Mischungsverhältnis gefunden, markieren Sie beide Spuren (*Ctrl + A* oder gehaltene *Umschalttaste + Mausklick* auf den Spurkopf) und wählen Sie den Menübefehl *Spuren> Spuren zusammenführen*.

Diese Herangehensweise, Effekte zu isolieren und sie dann gezielt einzumischen, bietet einige faszinierende neue Möglichkeiten. So können Sie beispielsweise auch Effekte auf bereits isolierte Effekte anwenden oder passend zur Laufzeit beliebig viele Effekte erzeugen, um diese, z. B. über das Hüllkurvenwerkzeug, punktgenau einzusetzen.

Beachten Sie jedoch, dass bei der gleichzeitigen Überlagerung vieler Effekte eine Verstärkung der Tonsignale erfolgt, was schnell zu Clipping, also Übersteuern führen kann. Deshalb sollten Sie möglichst den Menübefehl *Ansicht> Übersteuerungen anzeigen* aktivieren. Übersteuerungen werden dann als rote senkrechte Striche in der Tonspur angezeigt. Übersteuerungen können Sie vermeiden, indem Sie die Lautstärke aller Spuren reduzieren.

5.2 *Die Standard-Effekte*

Hier sollen die Effekte näher erläutert werden, die standardmäßig im Umfang von Audacity enthalten sind. Bei vielen Effekten besteht die Möglichkeit eines Vorhörens, dessen Dauer Sie individuell einstellen können. Öffnen Sie dazu über den Menübefehl *Bearbeiten> Einstellungen* das Fenster *Audacity Einstellungen* und stellen Sie dort im Bereich *Effekt vorhören* die Länge der Funktion ein.

5.2.1 Ausblenden/Einblenden

Die Effekte Einblenden und Ausblenden besitzen keine weiteren Einstellmöglichkeiten und blenden den markierten Bereich der Tonspur gleichmäßig bis
zur Stille aus bzw. blenden von einer Stile ausgehend gleichmäßig ein. Alternativ
zu diesem Effekt kann auch das Hüllkurvenwerkzeug eingesetzt werden.

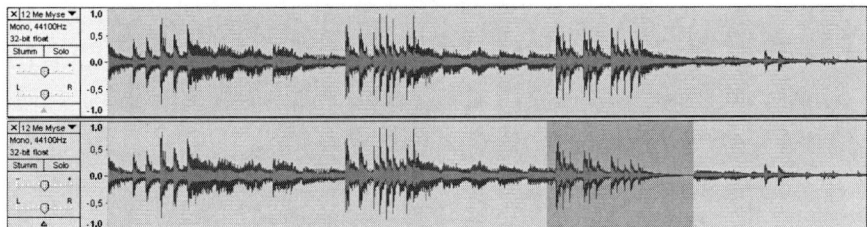

Der Effekt *Ausblenden*.

Noch schöner sehen Sie das Ergebnis, wenn Sie über den Tongenerator einen
gleichbleibenden Ton erzeugen und dann den Effekt Ein- bzw. Ausblenden anwenden.

Ein- und Ausblenden eines gleichbleibenden Tons.

5.2.2 Auto-Duck

Dieser Effekt bietet die Möglichkeit, eine Tonspur automatisch herunter zu pegeln,
um eine andere Tonspur einzublenden. Erforderlich ist eine Steuerspur, die direkt
unter der markierten Tonspur liegen muss, die abgesenkt werden soll. Dieser Effekt kann beispielsweise für Ansagen von DJs oder eingesprochene Übersetzungen
genutzt werden.

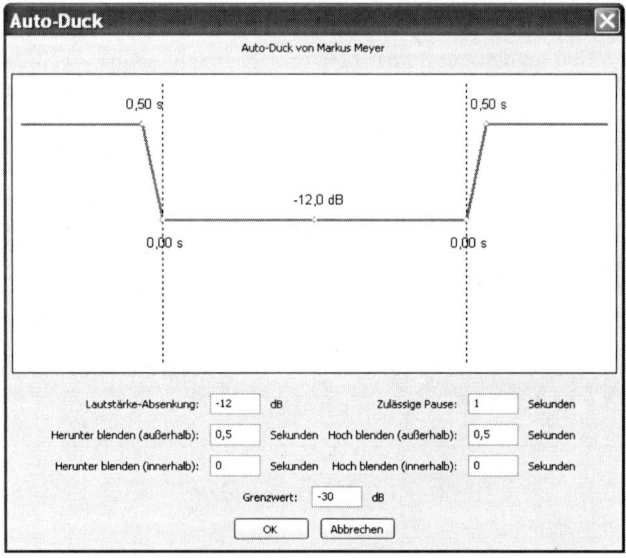

Die Einstellmöglichkeiten für den Effekt *Auto-Duck*.

Folgende Einstellungen können Sie vornehmen:

- **Lautstärke-Absenkung**: Hier legen Sie die Absenkung der Tonspur fest. Voreingestellt sind -12 dB.

- **Zulässige Pausen**: Maximale Länge von Pausen in der eingeblendeten Spur.

- **Herunter blenden/Hoch blenden (außerhalb)**: Regelt das Aus- und Einblenden vor dem Einspielen und nach dem Einspielen der Steuerspur.

- **Herunter blenden/Hoch blenden (innerhalb)**: Regelt das Aus- und Einblenden innerhalb der Steuerspur.

5.2.3 Bass-Verstärkung

Mit diesem Effekt können Sie gezielt Bässe verstärken. Die ausgewählte Frequenz kann dabei um 0 bis 36 dB angehoben werden. Im abgebildeten Beispiel wurde eine Anhebung von 4 dB bei 200 Hz gewählt.

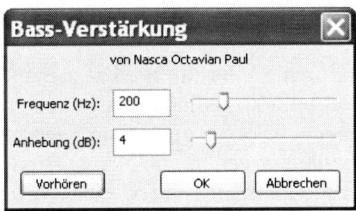

Das Fenster *Bass-Verstärkung*.

Die beiden Einstellungen:

- **Frequenz (Hz)**: Legen Sie hier die Frequenz fest, die angehoben werden soll. Mögliche Werte sind 1-1000 Hz.

- **Anhebung (dB)**: Bestimmen Sie die Anhebung in dB, wobei eine Anhebung um maximal 36 dB möglich ist.

5.2.4 Echo

Mit diesem Effekt erzeugen Sie ein Echo, dessen Verzögerung und Stärke Sie vorgeben können. Die Einstellungen:

- **Verzögerung**: Legen Sie hier den zeitlichen Abstand zwischen Original- und Effektsignal fest.

- **Dämpfung**: In diesem Feld können Sie die Dämpfung des Echos eingeben. Werte kleiner Eins bewirken eine Dämpfung des Signals, während Werte größer Eins eine entsprechende Verstärkung erzeugen.

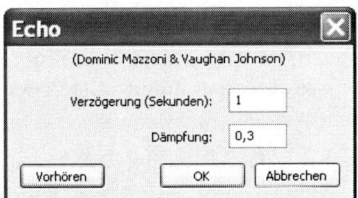

Das Fenster des Effekts *Echo*.

5.2.5 Equalizer

Mithilfe des Equalizers können Sie bestimmte Frequenzbereiche anheben bzw. absenken. Hierzu stehen zwei unterschiedliche Ansichten zur Verfügung: eine in der mithilfe der Maus eine Frequenzkurve gezeichnet werden kann und der grafische Equalizer, der 31 Frequenzbänder von je 1/3 Oktave Breite anbietet, wobei die Einstellungen über Regler vorgenommen werden. Kurven können individuell erstellt und gespeichert werden.

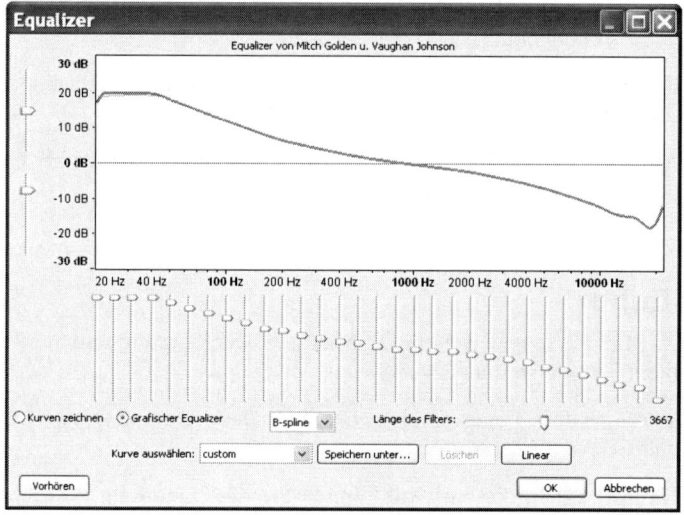

Grafischer Equalizer mit 31 Reglern.

Ihnen stehen folgende Einstellungen zur Verfügung:

- **Kurven zeichnen**: Bietet eine Ansicht des Equalizers, in der Sie mithilfe der Maus eine Kurve zeichnen können, nach der die Frequenzen angehoben oder abgesenkt werden.

- **Grafischer Equalizer**: Diese Ansicht des Equalizers bietet 31 Frequenzbänder mit einer Breite von je 1/3 Oktave, deren Anhebung oder Absenkung Sie über die vorhandenen Regler vornehmen können.

- **Listenfenster**: Wählen Sie hier zwischen den verschiedenen Interpolationsverfahren. Zur Auswahl stehen *B-Spline*, *Cosine* und *Cubic*.

- **Länge des Filters**: Über den Schieberegler können Sie die Filtergüte regeln. Hierbei gilt: Je weiter der Regler links steht, umso breiter, und je weiter rechts, desto punktförmiger wirkt der Filter.

- **Kurve auswählen**: In diesem Listenfenster sind bereits verschiedene vordefinierte Kurven hinterlegt. Speichern Sie eine Kurve, so finden Sie diese ebenfalls hier in diesem Listenfenster unter dem gespeicherten Namen.

- **Speichern unter**: Öffnet ein Fenster, in dem Sie Ihrer Equalizer-Kurve einen Namen geben können.

- **Löschen**: Löscht die ausgewählte Kurve.

- **Linear**: Stellt alle Frequenzbänder auf 0 dB.

5.2.6 Geschwindigkeit ändern

Bei diesem Effekt werden Wiedergabegeschwindigkeit und damit einhergehend die Tonhöhe verändert. Die Werte können über den Regler mithilfe der Maus eingestellt oder direkt im Feld eingetragen werden. Zudem stehen die verschiedenen Geschwindigkeiten von Vinyl-Schallplatten als Vorgabewerte zur Verfügung.

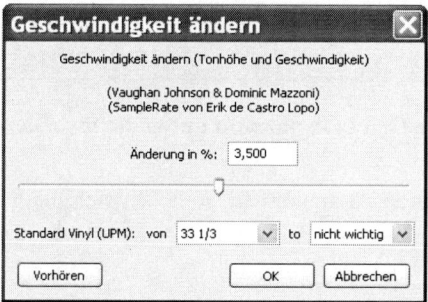

Wiedergabegeschwindigkeit und Tonhöhe verändern.

Die Einstellungen:

- **Änderung in %**: Geben Sie hier die gewünschte Geschwindigkeitsänderung in Prozent ein.

- **Standard Vinyl (UPM) von/zu**: In diesen Listenfenstern sind die gängigen Abspielgeschwindigkeiten von Schallplatten in Umdrehungen pro Minute hinterlegt.

5.2.7 Invertieren

Dieser Effekt bewirkt eine Phasenumkehrung und verfügt über keine weiteren Einstellmöglichkeiten. Alle negativen Amplituden des ausgewählten Audiomaterials werden positiv und alle positiven Sample-Amplituden werden negativ. In der vergrößerten Ansicht einer Tonspur ist der Effekt gut zu sehen.

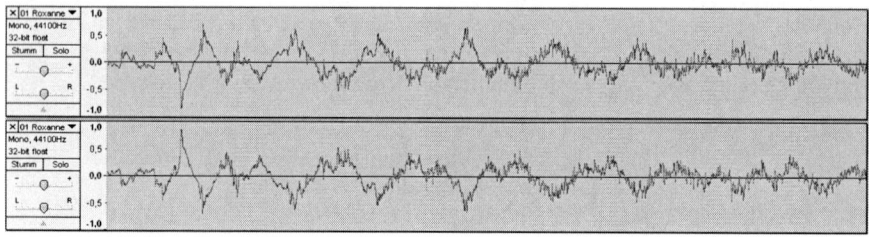

Oben die Originalspur und unten die invertierte Spur.

Spielen Sie beide Spuren zusammen ab, so heben sich die Spuren gegenseitig auf und es wird kein Ton erzeugt.

5.2.8 Klick-Filter

Der Klick-Filter ermöglicht das Entfernen von kurzen impulshaften Störgeräuschen. Deshalb eignet sich dieses Werkzeug bspw. hervorragend für das Entfernen von Klick- und Knackgeräuschen, die z. B. bei der Digitalisierung von Schallplatten auftreten.

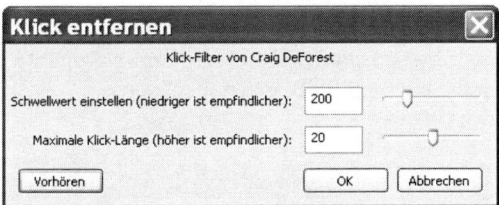

Einstellungen für den Klick-Filter.

Dabei wird über den Grenzwert der Pegel eingestellt, ab dem der Filter einen Impuls als Störgeräusch identifiziert, während die Impulsbreite die maximale Länge festlegt. Die Einstellungen:

- **Schwellwert einstellen (niedriger ist empfindlicher)**: Stellen Sie hier den Grenzwert ein, ab dem der Klick-Filter arbeiten soll. Je niedriger der Wert gewählt wird, desto eher arbeitet der Filter.

- **Maximale Klick-Länge (höher ist empfindlicher)**: Hier legen Sie die Länge fest, ab der Störgeräusche berücksichtigt werden. Je höher Sie den Wert wählen, desto kürzere Störgeräusche werden entfernt.

5.2.9 Kompressor

Der Kompressor hat die Aufgabe, den Dynamikumfang von Tonsignalen zu reduzieren, um eine gleichmäßigere Lautstärke zu erreichen. Dazu wird die Lautstärke lauter Passagen vermindert und leise Passagen entsprechend verstärkt.

Sie können folgende Einstellungen vornehmen:

- **Grenzwert**: Legt den Pegelwert fest, ab dem der Kompressor arbeitet. Mögliche Werte sind von -60 dB bis -1 dB.

- **Kompression**: Legt das Verhältnis fest, in dem die lauten Stellen (oberhalb des Grenzwerts) den leiseren angepasst werden (von 1,5 zu 1 bis 10 zu 1).

- **Ansprechzeit**: Hier steuern Sie die Reaktionsgeschwindigkeit des Effekts.

- **Abklingzeit**: Geben Sie hier die Länge des Effekts ein.

• **Normalisieren auf 0 dB nach Kompression**: Haben Sie diese Option aktiviert, so wird das nach der Kompression im Dynamikumfang reduzierte
Audiosignal wieder auf 0 dB angehoben werden.

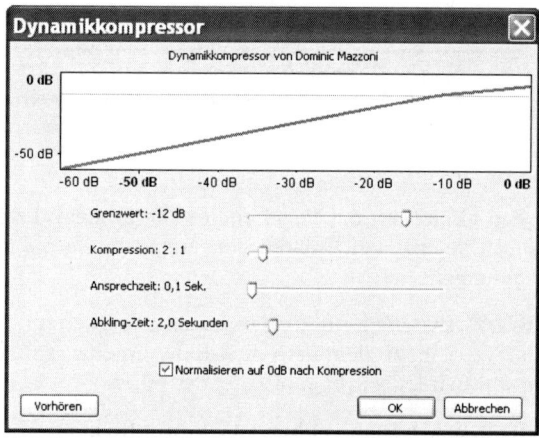

Der Kompressor zur Reduzierung des Dynamikumfangs.

5.2.10 Leveller

Auch der Leveller dient der Angleichung von leisen und lauten Bereichen einer
Audiospur. Allerdings sind die Einstellmöglichkeiten auf den Grad des Levelings
und den Grenzwert für das Rauschen beschränkt. Beim Grad des Levelings kann
zwischen fünf Stufen gewählt werden, während beim Grenzwert für das Rauschen
ab -20 dB in Fünfer-Schritten bis -80 dB ausgewählt werden kann.

Der Leveller zur Angleichung von Lautstärken.

Die beiden Einstellungen:

- **Grad des Levelings**: Hier stehen Ihnen fünf Stufen zur Verfügung, zwischen denen Sie wählen können.

- **Grenzwert für Rauschen**: Der Grenzwert für das Rauschen kann ab -20 dB bis -80 dB in Fünfer-Schritten ausgewählt werden.

5.2.11 Normalisieren

Dieser Effekt dient zum einen dazu, den Pegel des Audiomaterials, das mit einem zu niedrigen Eingangspegel aufgenommen wurde, anzuheben und zum anderen der Angleichung verschiedener Audiospuren auf eine gleichmäßige Lautstärke. Weiterhin ermöglicht der Effekt das Entfernen eines möglicherweise im Audiosignal vorhandenen Gleichspannungsanteils.

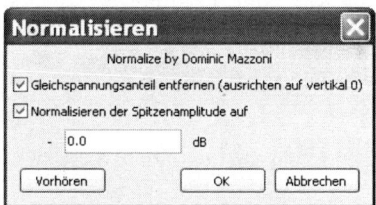

Das Fenster *Normalisieren*.

Die Einstellungen:

- **Gleichspannungsanteil entfernen (ausrichten auf vertikal 0)**: Mit dieser Option kann ein im Audiosignal vorhandener Gleichspannungsanteil entfernt werden. Dabei handelt es sich um eine vertikale Verschiebung der Wellenform, die häufig von einfachen Soundkarten bei der Aufnahme über ein Mikrofon verursacht wird.

- **Normalisieren der Spitzenamplitude auf**: Diese Option senkt oder hebt Lautstärke so weit ab bzw. an, bis die lauteste Stelle den vorgegebenen Wert erreicht. Maximal kann der Effekt bis zur verzerrungsfreien Lautstärke von 0 dB eingesetzt werden.

5.2.12 Nyquist-Eingabeaufforderung

Schnittstelle, über die Eingaben in der Programmiersprache Nyquist möglich sind, um Plug-Ins zu generieren. Eine Einführung dazu finden Sie im Internet unter der Adresse *http://audacity.sourceforge.net/help/nyquist?lang=de.*

5.2.13 Phaser

Der Phaser ist ein Phasenverschiebungseffekt. Neben dem Schieberegler, mit dem Sie die Stärke des Effekts regeln, haben Sie noch folgende Einstellmöglichkeiten:

- **Stufen**: Legen Sie hier die Anzahl der Stufen von 2 bis 24 fest.

- **LFO Frequenz (Hz)**: LFO steht für „Low Frequency Oscillator". Die niedrige Frequenz kann hier im Rahmen von 0,1 bis 4,0 Hz gewählt werden.

- **LFO Anfangsphase**: Hier bestimmen Sie, in welchem Bereich die Schwingung startet.

- **Modulationstiefe**: Die Modulationstiefe kann im Bereich 0 bis 255 eingestellt werden.

- **Rückkopplung**: Wählen Sie hier einen Wert zwischen -100 und +100.

Beim Phaser ist ein Ausprobieren mit verschiedenen Werten praktisch unerlässlich. Die *LFO Anfangsphase* können Sie so setzen, dass bestimmte Stellen mehr oder weniger Effekt erhalten.

Um die Wirkungsweise optisch darzustellen, wird mit dem *Tongenerator (1)* ein Sinuston von 440 Hz und einer Amplitude von 0,8 erzeugt. Nun wird der Phaser mit den abgebildeten Einstellungen auf diesen Ton angewendet.

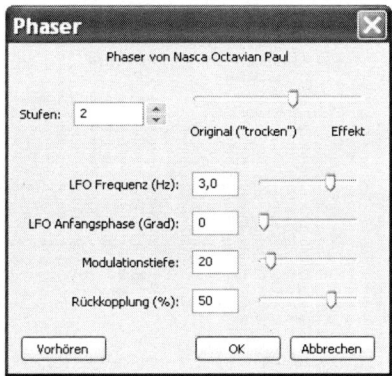

Der Phasenverschiebungs-Effekt *Phaser*.

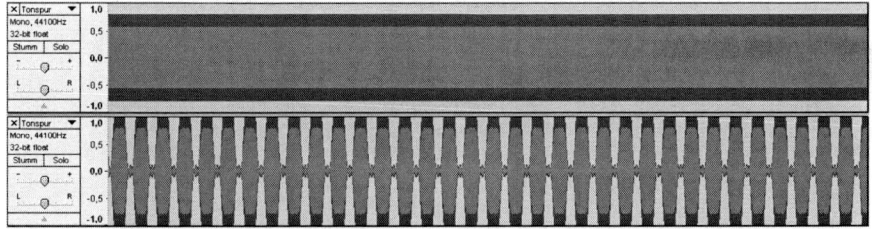

Sinuston vor und nach dem Einsatz des Effekts *Phaser*.

Die Wellenform vermittelt bereits einen guten Eindruck, wie sich der Effekt auswirkt.

5.2.14 Rauschentfernung

Dieser Effekt eignet sich für das nachträgliche Entfernen eines permanenten Störgeräusches. Je gleichförmiger das Geräusch dabei ist, desto besser lässt es sich meist entfernen.

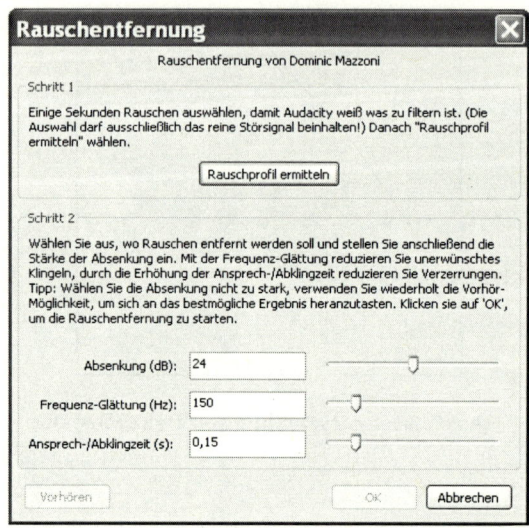

Die Rauschentfernung.

Erstellen Sie zunächst ein Rauschprofil mit möglichst nur dem zu entfernenden Geräusch, um dieses danach gezielt aus dem Gesamtsignal zu entfernen. Sie können folgende Einstellungen bearbeiten:

- **Rauschprofil ermitteln**: Markieren Sie zunächst einen Bereich der Audiospur, in dem sich möglichst nur das störende Geräusch befindet, und wählen Sie dann die Schaltfläche *Rauschprofil ermitteln*.

- **Absenkung**: Hier geben Sie vor, um wie viel dB das Störgeräusch abgesenkt werden soll.

- **Frequenz-Glättung (Hz)**: Glättet die angezeigte Frequenz im Bereich von 1 bis 1000 Hz.

- **Ansprech-/Abklingzeit (s)**: Stellen Sie hier Reaktions- und die Wirkungszeit ein.

5.2.15 Reparieren

Kleinere Störungen können mit diesem Werkzeug behoben werden. Dieser Effekt kann jedoch nur sehr kleine Stellen von maximal 128 Samples verarbeiten. Diese Funktion wird ausführlich in Punkt 4.2, Hintergrundgeräusche entfernen, erläutert.

5.2.16 Rückwärts

Dieser Effekt zeichnet den markierten Bereich rückwärts auf und verfügt sonst über keine weiteren Einstellmöglichkeiten. Probieren Sie es einmal mit einem rückwärts gesprochenen Wort oder Satz aus.

5.2.17 Stille entfernen

Dieser Effekt bietet die Möglichkeit, gleichmäßige Pausen zu erzeugen, indem Perioden der Stille, die eine bestimmte Länge überschreiten, gelöscht werden.

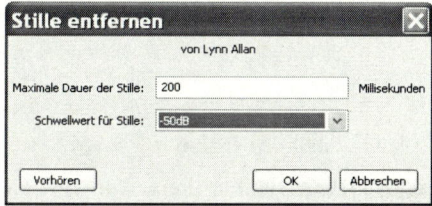

Der Effekt *Stille entfernen.*

Die beiden Einstellungen:

- **Maximale Dauer der Stille**: Legen Sie hier die maximale Länge einer Stilleperiode für den markierten Bereich fest.

- **Schwellwert für Stille**: Legen Sie hier die Grenze fest, ab welcher diese einer Stille entspricht.

5.2.18 Tempo ändern

Mithilfe dieses Effekts ändern Sie die Abspielgeschwindigkeit, ohne gleichzeitig die Tonhöhe zu verändern. Hierbei ändert sich die Länge der markierten Auswahl entsprechend.

Das Tempo, jedoch nicht die Tonhöhe ändern.

Sie können folgende Einstellungen bearbeiten:

- **Änderung in %**: Geben Sie hier die gewünschte Geschwindigkeitsänderung in % ein. Ein langsameres Abspielen erfordert eine negative Zahl.

- **Beats per Minute (BPM)**: Hier können Sie eine Geschwindigkeitsveränderung über Beats per Minute (BPM) angeben.

- **Länge (Sek)**: Zeigt die Veränderung in der Laufzeitlänge. Im ersten Feld sehen Sie die ursprüngliche Länge, während im zweiten Feld die neue Länge nach Anwendung des Effekts angegeben wird. Sie können das zweite Feld auch frei editieren, wodurch automatisch die Änderung in Prozent berechnet wird.

5.2.19   Tonhöhe ändern

Dieser Effekt bietet die Möglichkeit, die Tonhöhe zu ändern, ohne die Laufzeit zu beeinflussen. Dabei können Sie Ihre Werte in Noten, Halbtonschritten, der Frequenzänderung oder der Veränderung in Prozent eingeben.

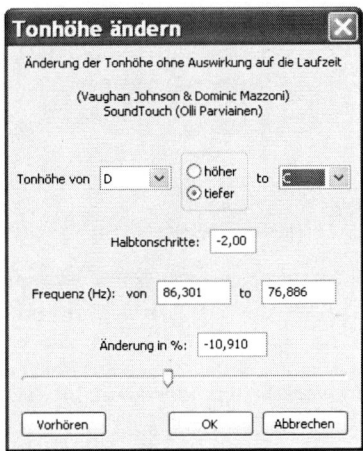

Ändert die Tonhöhe, aber nicht die Laufzeit.

Die Einstellungen im Einzelnen:

- **Tonhöhe**: In diesen Feldern können Sie die Veränderung der Tonhöhe in Noten festlegen. Zusätzlich müssen Sie angeben, ob das Ergebnis höher oder tiefer sein soll.

- **Halbtonschritte**: Sie können die Veränderung der Tonhöhe über dieses Feld in Halbtonschritten angeben. Tiefere Tonhöhen erreichen Sie durch Eingabe eines negativen Werts.

- **Frequenz**: In diesen Feldern können Sie die Frequenzänderung exakt in Hz vorgeben.

- **Änderung in %**: Geben Sie hier eine Änderung in Prozent ein. Dieses Feld ist ebenfalls frei editierbar und kann zusätzlich über den darunter befindlichen Regler eingestellt werden.

5.2.20 Verstärken

Dieser Effekt kann sowohl zum Verstärken als auch zum Absenken der Lautstärke (negative Verstärkung) eines Audiosignals verwendet werden.

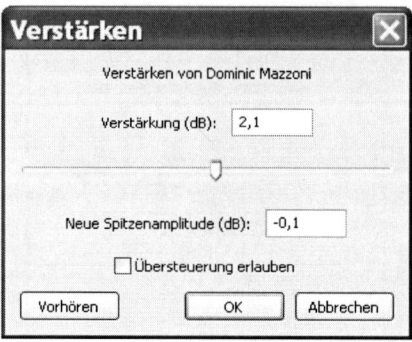

Lautstärke verstärken oder Lautstärke absenken.

Ihnen stehen drei Einstellungen zur Verfügung:

- **Verstärkung (dB)**: Geben Sie hier die Verstärkung oder Absenkung (negativer Wert) in Dezibel an, indem Sie das Feld direkt editieren oder den Regler dazu benutzen. Die neue Spitzenamplitude wird dabei automatisch berechnet.

- **Neue Spitzenamplitude**: Legen Sie hier den Wert für die neue Spitzenamplitude fest, indem Sie das Feld direkt editieren oder den Regler dazu benutzen. Bei einer Spitzenamplitude > 0 dB müssen Sie die Option *Übersteuerung erlauben* aktivieren, um den Effekt zu starten. Die entsprechende Verstärkung oder Absenkung wird dabei automatisch berechnet.

- **Übersteuerung erlauben**: Aktivieren Sie diese Option, so werden auch Übersteuerungen zugelassen. Würde das Audiosignal bei Anwendung des Effekts mit den derzeit eingestellten Werten übersteuern, so kann die Schaltfläche *OK* zum Starten des Effekts nur dann betätigt werden, wenn Sie die Option *Übersteuerung erlauben* aktivieren.

5.2.21 Wahwah

Ähnlich dem elektronischen Effektgerät für E-Gitarren oder Dämpfern bei Trompeten, moduliert dieser Effekt die Tonfrequenz. Eigentlich heißt der Effekt korrekt Wah-wah.

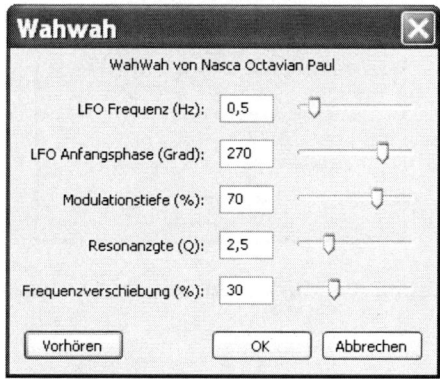

Der eigenwillige Effekt *Wahwah*.

Die Einstellungen des Effekts:

- **LFO Frequenz (Hz)**: LFO steht für „Low Frequency Oscillator". Die niedrige Frequenz kann hier im Rahmen von 0,1 bis 4,0 Hz gewählt werden.

- **LFO Anfangsphase**: Hier bestimmen Sie, in welchem Bereich die Schwingung startet.

- **Modulationstiefe**: Die Modulationstiefe kann in Prozent im Bereich von 0 – 100 eingestellt werden.

- **Resonanzgüte (Q)**: Legen Sie hier die Resonanzgüte auf einer Skala von 0 – 10 fest.

- **Frequenzverschiebung**: Die Frequenzverschiebung kann in Prozent im Bereich von 0 – 100 eingestellt werden.

5.2.22 Wiederholen

Dieser Effekt wiederholt die Markierung so oft, wie Sie es vorgeben.

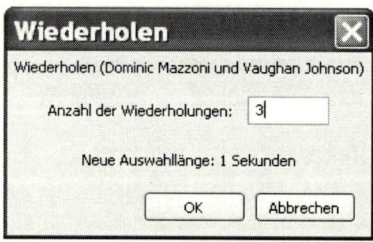

Wiederholt die Markierung so oft wie vorgegeben.

Die einzige Einstellung:

- **Anzahl der Wiederholungen**: Legen Sie hier fest, wie oft das ausgewählte Audiosignal wiederholt werden soll. Die neue Auswahllänge wird
automatisch berechnet.

5.3 *Probleme und mögliche Lösungen*

In diesem Kapitel sollen typische Schwierigkeiten und Probleme sowie deren Lösungen zur Sprache kommen.

5.3.1 Aufnahme mit Aussetzern und Störungen

Sie machen Aufnahmen und müssen hinterher bei der Wiedergabe feststellen,
dass es zu kurzen Aussetzern und Knacksern kommt.

Diese Probleme deuten darauf hin, dass der Rechner während der Aufnahme oder
der Wiedergabe überlastet ist. Das kann viele verschiedene Gründe haben:

- Während der Arbeit mit Audacity sind andere Programme geöffnet, die im
Hintergrund laufen und so zusätzlich Arbeitsspeicher und Prozessorzeit
verbrauchen. Achten Sie vor allem auf solche Programme, die nahezu jede
Aktivität des Rechners überwachen, wie Virenscanner, Anti-Spyware-Pro-
gramme oder Indexierungen und schließen Sie diese Programme während
der Arbeit mit Audacity.

- Die eingesetzten Treiber für die Soundkarte und damit für die Wandler
sind entweder falsch oder veraltet. Dieses Problem tritt nicht nur bei älte-

ren Rechnern auf. Auch fabrikneue Rechner werden oft mit veralteten Treibern ausgeliefert. Abhilfe schafft eine Recherche auf der Internetseite des Herstellers, wo Sie gegebenenfalls auch die aktuellen Treiber herunterladen können, um diese dann zu installieren. Prüfen Sie auch, ob es vom Hersteller einen sogenannten Chipsatz-Treiber gibt. Falls ja, sollten Sie ausprobieren, welcher Treiber besser arbeitet.

- Die Festplattenzugriffe sind zu langsam. Besitzen Sie einen älteren Rechner, ist Ihre Festplatte unter Umständen nicht in der Lage, die Zugriffe mit der erforderlichen Geschwindigkeit durchzuführen. Bevor Sie die Festplatte austauschen, überprüfen Sie bitte zunächst, ob sich deren Leistung durch eine Defragmentierung steigern lässt. Weiterhin sollten Sie überprüfen, ob der DMA-Modus (Direct Memory Access) bzw. UDMA-Modus (Ultra Direct Memory Access) des Festplattentreibers aktiviert ist. Dieser Modus bewirkt, dass die Laufwerke direkt auf den Arbeitsspeicher zugreifen und so Prozessorkapazitäten gespart werden. Bei dem Betriebssystem Windows rufen Sie dazu unter *Systemsteuerung* den Punkt *System* auf und wählen im Register *Hardware* den Punkt *Geräte-Manager*, der ein gleichnamiges Fenster öffnet. Ein Mausklick auf das kleine Plus vor *IDE ATA/ATAPI Controller* öffnet die Liste der zugehörigen Einträge. Wählen Sie durch Doppelklick den Eintrag *Primärer IDE Kanal*. Im Register *Erweiterte Einstellungen* können Sie nun im Listenfeld *Übertragungsmodus* den Eintrag *DMA, wenn verfügbar* einstellen.

- Der Arbeitsspeicher Ihres Systems ist einfach zu gering oder der Prozessor so alt, dass er den Anforderungen nicht gewachsen ist. Ist dies der Fall, sollte untersucht werden, ob eine Aufrüstung möglich und sinnvoll ist.

Sie können auch die Anforderungen durch das Programm selbst verringern. Hier einige Möglichkeiten:

- Setzen Sie das Sampleformat (Sampletiefe) und die Samplefrequenz herunter. Für eine einzelne Audiospur öffnen Sie dazu das Kontextmenü des Spurkopfs und wählen die gewünschte Einstellung. Die Vorgabewerte ändern Sie, indem Sie über den Menübefehl *Bearbeiten> Einstellungen* das Fenster *Audacity Einstellungen* öffnen, das Register *Qualität* auf der linken Seite wählen und im Bereich *Aufnahme-/Import-Parameter* Ihre Änderungen vornehmen.

- Erhöhen Sie die Latenzzeit (ab Version 1.3.2 möglich). Wechseln Sie dazu im Fenster *Audacity Einstellungen* in das Register *Audio E/A* und nehmen Sie Ihre Änderung im Bereich *Latenz* vor.

- Schalten Sie das Scrollen während der Wiedergabe aus (*Update display while playing*). Diese Einstellung kann im Fenster *Audacity Einstellungen* im Register *Programmoberfläche* oder *Interface* im Bereich *Einstellungen* vorgenommen werden.

5.3.2 Aufnahme wird unterschiedlich ausgesteuert

Sie erzeugen eine Aufnahme und stellen fest, dass die Lautstärke extrem schwankt. Werden dabei leise Stellen „hochgezogen" und laute Stellen gedämpft, so liegt die Vermutung nahe, dass Ihre Soundkarte über eine automatische Aussteuerung verfügt. Versuchen Sie in diesem Fall über den Treiber der Soundkarte diese automatische Aussteuerung abzuschalten. Die Funktion kann z. B. AGC heißen, was für „Automatic Gain Control" steht. Leider gibt es auch etliche Modelle, bei denen ein Ausschalten leider nicht möglich ist.

5.3.3 Aufnahmen verlaufen nicht „mittig"

Ein Problem, das immer wieder mit einfachen Soundkarten auftritt, ist, dass die Amplitudenausschläge in der Wellenform sich nicht exakt um die Nulllinie verteilen, sondern unter oder über der Nulllinie liegen. Besonders gut ist dies bei absoluter Stille in der Aufnahme zu sehen. Abhilfe schafft hier die Funktion *Gleichspannungsanteil entfernen*, die Sie beim Effekt *Normalisieren* finden.

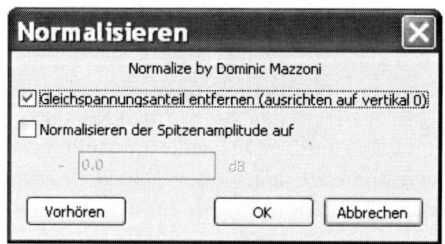

Die Option *Gleichspannungsanteil entfernen*.

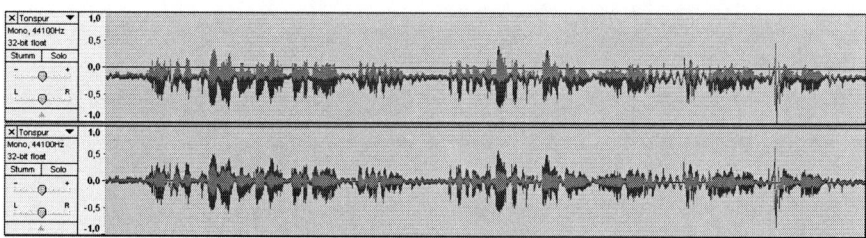

Vor und nach Anwendung der Funktion *Gleichspannungsanteil entfernen.*

6 Einstellungen

Mit Audacity können Sie sofort nach der Installation mit dem Bearbeiten von Audio-Dateien beginnen, denn das Programm wird mit Voreinstellungen ausgeliefert,
welche die meisten gängigen Anwendungsfälle abdecken. Möchten Sie jedoch
ganz bestimmte Aufgaben erledigen, wie bspw. bestehende Audiospuren gleichzeitig zur Aufnahme einer neuen Audiospur hören, so müssen Sie zunächst die entsprechenden Einstellungen vornehmen. Dies können Sie im Fenster *Audacity Einstellungen*, das Sie entweder mithilfe des Menübefehls *Bearbeiten> Einstellungen*
oder über die Tastenkombination *Ctrl + P* öffnen.

Das Fenster ist in neun Register unterteilt, die auf der linken Seite aufgeführt sind
(*Audio E/A, Qualität, Audio Files* usw.) und dort auch ausgewählt werden können.

6.1 *Audio E/A*

In diesem Register werden unter anderem die Einstellungen für die Audio-Ströme
in das Programm und aus dem Programm hinaus festgelegt.

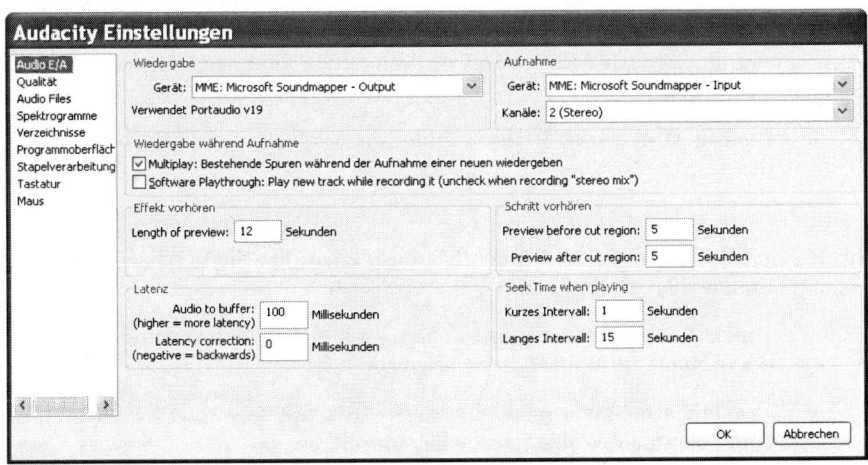

Das Fenster *Audacity Einstellungen*.

Die Einstellungen:

- **Wiedergabe**: Wählen Sie hier über das Listenfeld die Soundkarte aus, über welche die Audio-Wiedergabe erfolgen soll.

- **Aufnahme**: Legen Sie über das Listenfeld das Gerät für die Audio-Aufnahme fest.

- **Kanäle**: Hier können Sie die Anzahl der gewünschten Aufnahme-Kanäle festlegen.

Im Bereich *Wiedergabe während Aufnahme* finden Sie zwei Optionen, die Sie per Mausklick auf das vorstehende Kästchen aktivieren und deaktivieren können. Bei einer aktivierten Option wird in dem Kästchen ein Haken angezeigt.

Die Einstellungen:

- **Multiplay**: Diese Option eröffnet die Möglichkeit, eine vorhandene Spur abspielen zu lassen, während simultan eine neue Spur eingespielt wird.

- **Software Playthrough: Play new track while recording it (uncheck when recording „Stereo Mix")**: Diese Option gibt Ihnen die Möglichkeit, die aktuelle Aufnahme direkt mitzuhören.

Nahezu alle Effekte ermöglichen ein Vorhören des entsprechenden Effekts vor der Anwendung. Im Bereich *Effekt vorhören* können Sie die Länge der Vorhörzeit in Sekunden festlegen:

- **Length of preview**: Legen Sie hier die Vorhörzeit für Effekte in Sekunden fest.

Im Bereich *Schnitt vorhören* können Sie die Zeiten, die Sie vor bzw. nach dem Schnitt hören wollen, festlegen:

- **Preview before cut region**: Legen Sie hier fest, wie viele Sekunden vor dem Schnitt die Wiedergabe starten soll.

- **Preview after cut region**: Legen Sie hier fest, wie viele Sekunden nach dem Schnitt die Wiedergabe andauern soll.

Im Bereich *Latenz* können Sie zum einen die Verarbeitungszeit regeln und zum anderen eine Korrektur vornehmen, um beispielsweise synchron zu bereits bestehenden Spuren aufnehmen zu können.

6.2 *Qualität*

In diesem Register können Sie die Qualität der Aufnahmen, des Imports und der Umwandlung festlegen.

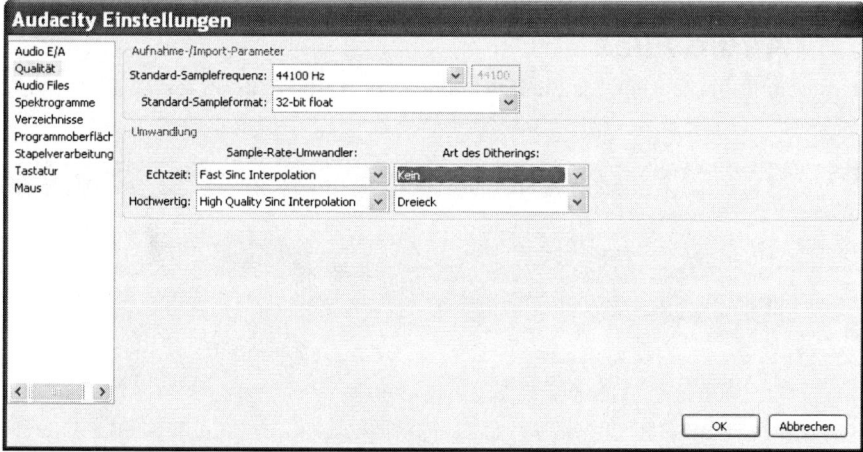

Das Register *Qualität*.

Die Einstellmöglichkeiten:

- **Standard-Samplefrequenz**: Legen Sie hier die Samplefrequenz fest, mit der Sie standardmäßig bei der Aufnahme bzw. beim Importieren arbeiten möchten. Das Listenfeld bietet verschiedene gängige Vorgaben, sowie die Möglichkeit, über die Auswahl *Andere* auch eigene Vorgaben im dahinter befindlichen Feld einzugeben.

- **Standard-Sampleformat**: Wählen Sie in diesem Listenfeld zwischen 16-bit (CD-Qualität), 24-bit (Standard-Studioaufnahmequalität) und 32-bit float (Fließkomma-Präzisionsformat).

- **Echtzeit/Hochwertig**: Wählen Sie in diesem Listenfeld zwischen *Fast Sinc Interpolation* (schneller) und *High Quality Sinc Interpolation* (bessere Qualität) für die Verarbeitung von Audiodaten.

- **Dithering**: Diese Funktion, die digitalen Verzerrungen durch die Zugabe eines höheren Rauschanteils vorbeugt, können Sie an- oder abstellen. Entscheiden Sie sich für das *Dithering*, so können Sie zwischen verschiedenen Arten (*Kein, Rechteck, Dreieck* und *Shaped*) wählen.

6.3 *Audio Files*

In diesem Register legen Sie die Behandlung der Audio-Dateien fest.

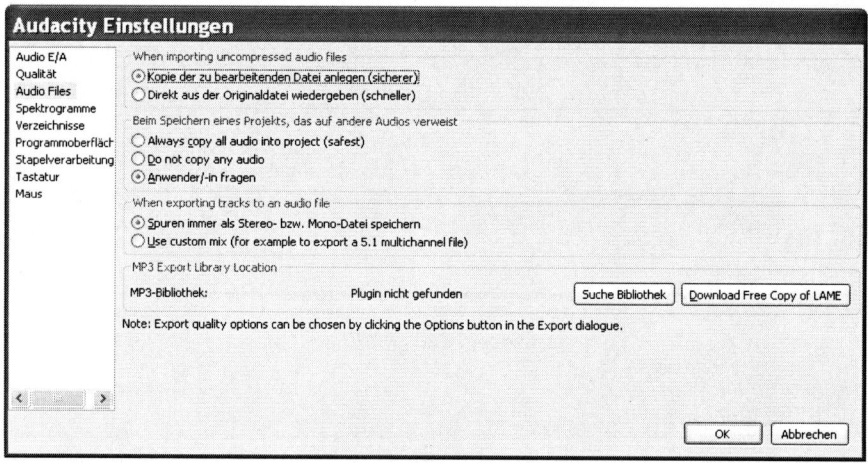

Das Register Audio-Files.

Die Anpassungsmöglichkeiten:

- **When importing uncompressed audio files**: Hier entscheiden Sie, wie mit unkomprimierten Dateien beim Import verfahren wird. Natürlich ist es sicherer, eine Kopie der Datei erstellen zu lassen, als direkt die Originaldatei wiederzugeben. Die beiden Optionen schließen sich einander aus, d. h., es ist immer nur eine Option wählbar.

- **Beim Speichern eines Projekts, das auf andere Audios verweist**: Die sicherste der zur Verfügung stehenden Möglichkeiten ist *Always copy all audio into project*, wobei alle Dateien, die benötigt werden, im Projekt abgespeichert werden. *Do not copy any audio* kopiert keine Audio-Dateien, auf die verwiesen wird, während *Anwender/-in fragen* zu einer Abfrage beim Speichern führt.

- **When exporting tracks to an audio file**: Hier entscheiden Sie, ob Sie Spuren immer als Mono- bzw. Stereo-Dateien speichern wollen.

6.4 *Spektrogramme*

Dieses Register zeigt deutlich die wissenschaftliche Herkunft der Software. Für die meisten Benutzer wohl nicht weiter interessant, können hier die Optionen für die Anzeigeform *Spektrum*, die die Zusammensetzung der Frequenzen des Audiosignals berücksichtigt, eingestellt werden. Um die vorgenommenen Änderungen zu überprüfen, muss die Anzeige *Spektrum* im Spurkopf ausgewählt werden.

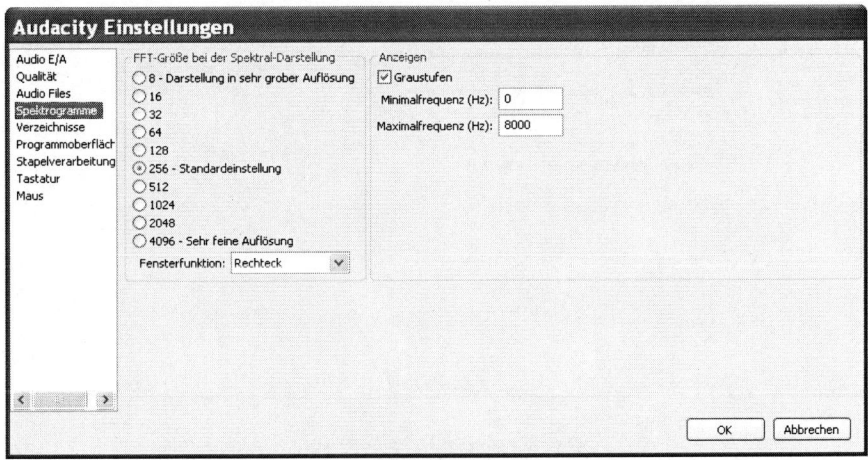

Seite für die Profi-Parameter für die Spektral-Darstellung.

Die Einstellungen:

- **FFT-Größe bei der Spektral-Darstellung**: Legen Sie hier die Auflösung fest.

- **Fensterfunktion**: Hier können Sie aus den verschiedenen Umsetzungsmethoden der Spektralanalyse wählen.

- **Graustufen**: Wandelt die Anzeige in Graustufen um.

- **Minimal-/Maximalfrequenz**: Legen Sie hier die Frequenzen fest, die angezeigt werden sollen.

6.5 *Verzeichnisse*

Hier können Sie das temporäre Verzeichnis ändern, das Intervall für die Speicherung der Sicherheitskopie festlegen sowie die Art der Daten-Speicherung festlegen.

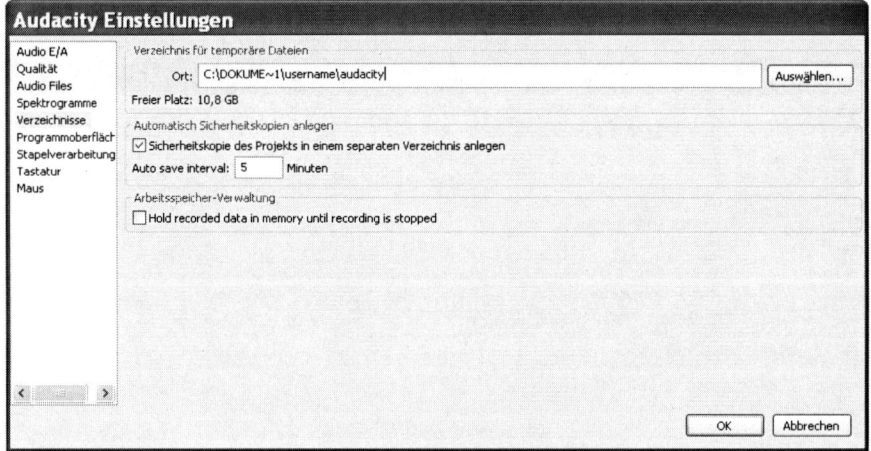

Das Register *Verzeichnisse*.

Die Einstellungen:

- **Verzeichnis für temporäre Dateien/Auswählen**: Legen Sie hier das temporäre Verzeichnis für die Daten von Audacity fest. Dazu können Sie den Pfad direkt im Feld editieren oder über die Schaltfläche *Auswählen* das Fenster *Ordner wählen* öffnen und einen Ordner auswählen.

- **Automatisch Sicherheitskopien anlegen**: Legen Sie zunächst über die Option *Sicherheitskopie des Projekts in einem separaten Verzeichnis anlegen* fest, ob Audacity regelmäßig automatische Sicherungskopien Ihrer Daten anlegen soll. Anhand dieser Sicherungskopien kann Audacity den letzten Stand wiederherstellen, wenn der Rechner während der Aufnahme oder Bearbeitung abstürzt oder z. B. durch einen Stromausfall beendet wird. Deshalb wird dringend empfohlen, diese Option aktiviert zu lassen. Im Feld *Auto save interval* legen Sie das Speicherungsintervall für die Sicherheitskopie in Minuten fest.

- **Arbeitsspeicher-Verwaltung**: Aktivieren Sie die Option *Hold recorded data in memory until recording is stoped*, so werden die Daten im Arbeitsspeicher belassen, bis die Aufnahme gestoppt wird, und danach erst auf die Festplatte geschrieben. Weiterhin werden alle im Projekt vorhandenen Audiodaten komplett im Arbeitsspeicher des Rechners gehalten. Durch diese Option ist es möglich, auch mit solchen Projekten flüssig zu arbeiten, die sich auf einem langsamen Speichermedium wie bspw. einem über eine langsame Netzwerkverbindung angebundenen Netzlaufwerk befinden. Der Benutzer muss selbst darauf achten, keine Dateien zu öffnen, die größer als der verfügbare Arbeitsspeicher sind, da ansonsten Abstürze von Audacity oder des gesamten Rechners die Folge sein können. Es wird deshalb dringend empfohlen, unter normalen Umständen diese Funktion deaktiviert zu lassen.

6.6 *Programmoberfläche anpassen*

Dieses Register teilt sich in die vier Bereiche *Einstellungen, Sprache, Minimaler Anzeigebereich in dB* und *Anzeigen/Verbergen*.

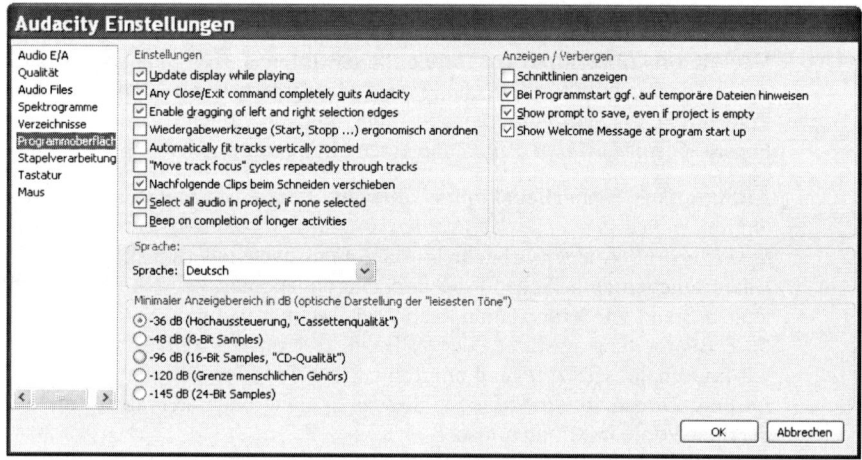

Das Register *Programmoberfläche*.

Im Bereich *Einstellungen* finden Sie diese Optionen:

- **Update display while playing**: Ist diese Option aktiviert, so wird der aktuelle Abspielbereich fortlaufend im Programmfenster angezeigt.

- **Any Close/Exit command completely quits Audacity**: Diese Funktion ist standardmäßig aktiviert und bewirkt, dass nach dem Schließen des letzten Audacity-Fensters über die Menüfunktion *Datei> Schließen* oder die Schaltfläche *[X]* auch das Programm Audacity selbst beendet wird. Dies ist das Standardverhalten von Windows-Programmen. Wird diese Funktion deaktiviert, wird durch das Schließen des letzten Audacity-Fensters automatisch ein neues, leeres Dokument geöffnet. Um Audacity zu beenden, verwenden Sie dann die Menüfunktion *Datei> Beenden*.

- **Enable dragging of left and right selection edges**: Diese standardmäßig aktivierte Option ermöglicht das nachträgliche Verändern einer rechten oder linken Markierungsgrenze. Falls Sie hierbei mit der Maus arbeiten, verändert der Mauszeiger seine Form in eine Hand mit ausgestrecktem Zeigefinger.

- **Wiedergabewerkzeuge ergonomisch anordnen**: Diese Option ordnet die Wiedergabewerkzeuge ergonomischer an, um ein schnelleres Arbeiten zu ermöglichen. Den Unterschied zeigen die folgenden Abbildungen.

Wiedergabewerkzeuge in normaler Anordnung.

Wiedergabewerkzeuge in ergonomischer Anordnung.

- **Automatically fit tracks vertically zoomed**: Ist diese Funktion aktiviert, so werden die Audiospuren beim Öffnen automatisch vertikal eingepasst.

- **"Move track focus" cycles repeatedly through tracks**: Diese Option führt dazu, dass Sie beim Markieren der Audiospuren mit den Pfeiltasten von der letzten zur ersten bzw. umgekehrt gelangen können.

- **Nachfolgende Clips beim Schneiden verschieben**: Diese standardmäßig aktivierte Funktion führt dazu, dass eigenständige Clips, die sich rechts des Schnitts in der gleichen Audiospur befinden, ebenfalls um die ausgeschnittene Sequenz nach links verschieben.

- **Select all audio in project, if none**: Diese Option ist standardmäßig aktiviert. Sie bewirkt, dass Arbeitsschritte, die eine Auswahl benötigen wie beispielsweise Effekte, standardmäßig auf das gesamte Projekt angewendet werden, solange keine explizite Auswahl in Form einer Markierung vorgenommen wurde.

- **Beep on completion of longer activities**: Nach Abschluss von längeren Aufgaben wird ein akustisches Signal erzeugt, um dem Benutzer das Ende der Verarbeitung anzuzeigen. Unter Windows erklingt das akustische Signal nur dann, wenn in der Systemsteuerung bei *Sounds und Audiogeräte* die Wiedergabe des Programmereignisses *Standardton Warnsignal* aktiviert ist.

- **Sprache**: Wählen Sie über das Listenfeld die gewünschte Sprache aus. Für die korrekte Darstellung der Sprache muss ggf. eine entsprechende Schrift installiert sein.

- **Minimaler Anzeigebereich in dB (optische Darstellung der "leisesten Töne"**: Hiermit bestimmen Sie die Darstellung der vertikalen Skala bei der Anzeige in *Wellenform (dB)*, wobei der gewählte Wert die Nulllinie bildet.

- **Schnittlinien anzeigen**: Ist diese Option aktiviert, werden bei Anwendung der Funktion *Ausschneiden* sogenannte Schnittlinien an den Stellen, an denen Audiodaten aus der Tonspur ausgeschnitten wurden, angezeigt. Durch einen Klick auf eine Schnittlinie mit der linken Maustaste kann der entsprechende Schnitt rückgängig gemacht werden. Wenn Sie auf die Schnittlinie mit der rechten Maustaste klicken, wird die Schnittlinie entfernt.

- **Bei Programmstart ggf. auf temporäre Dateien hinweisen**: Standardmäßig werden Sie bei jedem Programmstart darauf hingewiesen, wenn sich beispielsweise nach einem Absturz oder Stromausfall im Audacity-Ordner noch temporäre Dateien befinden. Dies können Sie hier abschalten. Diese Einstellung ist hauptsächlich für Entwickler von Audacity interessant und für die normale Verwendung des Programms nicht von Belang.

- **Show prompt to save, even if project is empty**: Diese Option ist standardmäßig aktiviert und führt dazu, dass Sie auch bei leeren Projekten gefragt werden, ob Sie diese speichern möchten. Es ist normalerweise nicht notwendig, diese Einstellung zu ändern.

- **Show Welcome Message at program start up**: Ist diese Option aktiviert, so wird bei jedem Start des Programms das Fenster *Willkommen bei Audacity* angezeigt.

6.7 *Stapelverarbeitung*

Im Register *Stapelverarbeitung* finden Sie Optionen, mit denen Sie das Verhalten der Stapelverarbeitung anpassen können. Die Stapelverarbeitung bietet die Möglichkeit, eine Reihe von vordefinierten Arbeitsschritten automatisiert nacheinander auf mehrere Dateien oder ein Projekt anzuwenden. Im Moment befindet sich die Stapelverarbeitung allerdings noch im Versuchsstadium und ist noch nicht für den produktiven Einsatz geeignet.

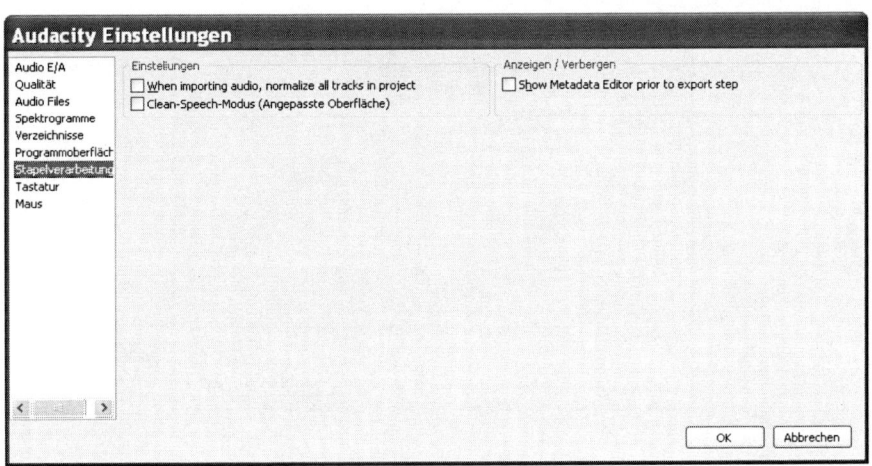

Das Register *Stapelverarbeitung*.

Die Einstellungen:

- **When importing audio, normalize all tracks in project**: Ist diese Option aktiviert, werden über die Stapelverarbeitung importierte Audiodaten automatisch normalisiert.

- **Clean-Speech-Modus (Angepasste Oberfläche)**: Diese Option erweitert die Wiedergabewerkzeuge um eine weitere Taste, über die das Stapelverarbeitungsprogramm *Clean Speech* aufgerufen werden kann. Außerdem werden einige Funktionen und Oberflächenelemente von Audacity angepasst, um einen optimierten Workflow für das Bereinigen von Sprachaufnahmen zur Verfügung zu stellen.

Wiedergabewerkzeuge mit der Clean-Speech-Taste.

- **Show Metadata prior to export step**: Blendet den Menübefehl *Datei> Metadaten-Editor* ein, bevor eine Datei über die Stapelverarbeitung exportiert wird. Dieser öffnet das Fenster *Metadaten bearbeiten*, in dem Sie die entsprechenden Daten der Datei verändern können.

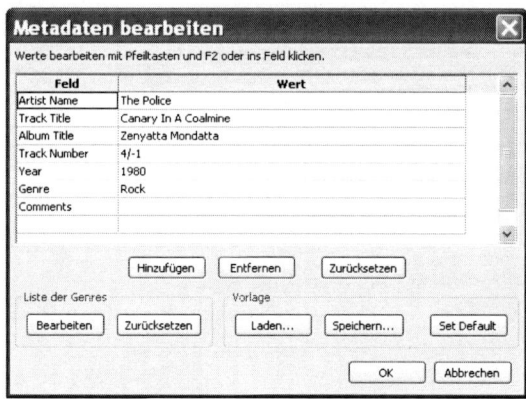

Bearbeiten Sie die Metadaten.

6.8 *Tastatur*

Viele Programme bieten mittlerweile die Möglichkeit, eigene Tastenkürzel für bestimmte Befehle anlegen zu können. In Audacity können Sie diese Einstellungen im Register *Tastatur* des Einstellungsdialoges vornehmen. Diese Funktion werden Sie besonders zu schätzen wissen, wenn Sie z. B. mit einem Notebook arbeiten.

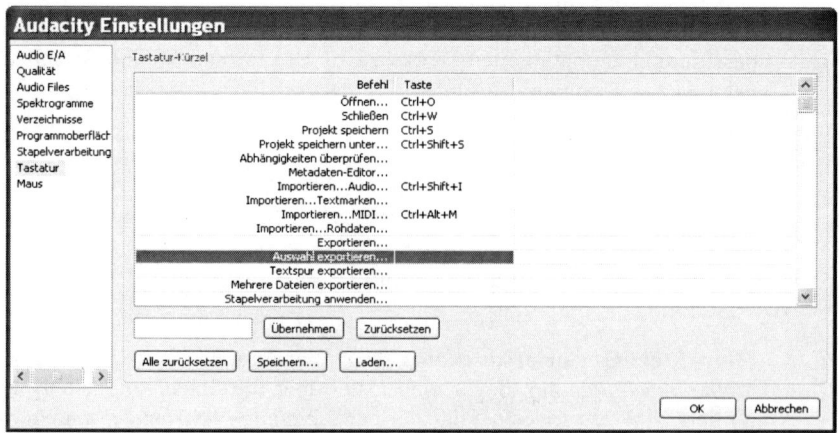

Eigene Tastatur-Kürzel anlegen.

So legen Sie ein eigenes Tastatur-Kürzel an:

- Markieren Sie zunächst die Aktion, der Sie ein Tastatur-Kürzel zuweisen möchten.

- Setzen Sie den Mauszeiger in das leere Feld (in obigem Bild das Feld, in dem sich der Eintrag *Ctrl + Alt + M* befindet) direkt unterhalb der Tabelle der Tastatur-Kürzel.

- Wählen Sie die gewünschte Tastenkombination auf Ihrer Tastatur.

- Wählen Sie die Schaltfläche *Übernehmen* aus. Die Tastenkombination wird nun hinter dem Befehl in der Spalte *Taste* angezeigt.

- Schließen Sie das Fenster über die Schaltfläche *OK*.

Um ein Tastenkürzel zu löschen, markieren Sie zunächst den Befehl und wählen danach die Schaltfläche *Zurücksetzen*.

Zudem können Sie komplette Befehlslisten als XML-Datei über die Schaltflächen *Speichern* und *Laden* im- bzw. exportieren. Wollen Sie den Ursprungszustand der Tastatur-Kürzel wiederherstellen, so wählen Sie die Schaltfläche *Alle zurücksetzen*.

6.9 Mauskonfiguration

Einen guten Überblick zu den verschiedenen Bearbeitungsmöglichkeiten mit der Maus erhalten Sie in diesem Register, in dem Sie jedoch keine weiteren Einstellungen vornehmen können.

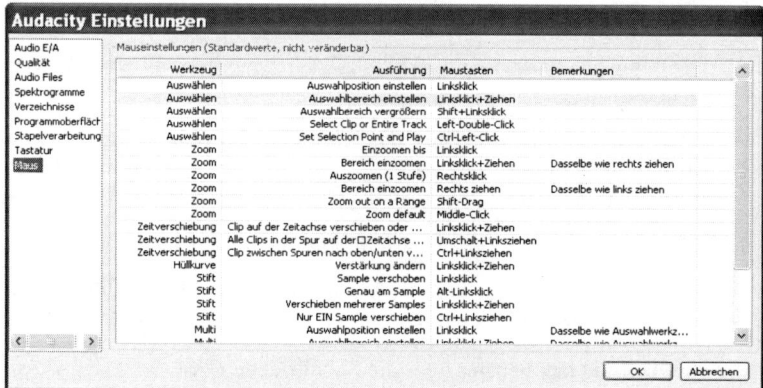

Mithilfe der Maus schneller arbeiten.

Hier finden Sie sicher noch die ein oder andere Anregung, wie Sie schneller zum gewünschten Ergebnis kommen.

7 Befehlsreferenz

Im Folgenden werden die einzelnen Menübefehle erläutert.

7.1 *Datei*

Menübefehl	Funktion
Neu	Öffnet ein neues Programmfenster.
Öffnen...	Öffnet das Fenster *Datei(en) auswählen*, in dem Sie eine oder mehrere Dateien auswählen können, die in Audacity geöffnet werden sollen. Wählen Sie mehrere Dateien, so wird jede Datei in einem eigenen Programmfenster geöffnet.
Schließen	Schließt das aktuelle Projekt. Bestehen in dem Projekt noch ungespeicherte Änderungen, so erfolgt zu Ihrer Sicherheit die Frage, ob Sie diese Änderungen noch abspeichern wollen.
Projekt speichern	Speichert das aktuelle Projekt ab. Wurde das Projekt noch nicht als AUP-Datei (Audacity Project File) gespeichert, so wird das Fenster *Projekt speichern unter* geöffnet, in dem Sie Speicherort und Namen des Projekts festlegen können.
Projekt speichern unter...	Öffnet das Fenster *Projekt speichern unter*, in dem Sie Speicherort und Namen des Projekts festlegen können.
Abhängigkeiten überprüfen...	Untersucht, ob alle Abhängigkeiten des Projekts erfüllt sind. Findet Audacity nicht alle Abhängigkeiten erfüllt, so wird eine Fehlermeldung im Fenster *Audacity Error* angezeigt. Bestätigen Sie das Fenster mit der Schaltfläche *OK*, so werden im Fenster *Warnung* verschiedene Vorgehensweisen angeboten.
Metadaten-Editor...	Öffnet das Fenster ID3-Tags bearbeiten, in dem Sie dem Projekt verschiedene vorgegebene Metadaten zuweisen können sowie weitere eigene erstellen können.

Menübefehl	Funktion
Importieren...	Öffnet ein Untermenü, in dem Sie zwischen folgenden Inhalten wählen können, die Sie importieren können: *Audio, Textmarken, MIDI* und *Rohdaten.*
Exportieren...	Öffnet das Fenster *Export-Datei,* in dem Sie Speicherort und Dateiformat Ihres Projekts festlegen können. Dabei stehen die Dateiformate WAV, AIFF, OGG, FLAC, MP2 und, falls der MP3-Encoder LAME installiert ist, auch MP3 als Format zur Verfügung.
Auswahl exportieren...	Öffnet das Fenster *Export-Datei,* in dem Sie den Speicherort und das Dateiformat für Ihre Auswahl festlegen können. Dabei stehen die Dateiformate WAV, AIFF, OGG, FLAC, MP2 und, falls der MP3-Encoder LAME installiert ist, auch MP3 als Format zur Verfügung.
Textspur exportieren...	Öffnet das Fenster *Textspur(en) exportieren als,* über das Sie Ihre Textspur(en) im TXT-Format abspeichern können.
Mehrere Dateien exportieren...	Öffnet das gleichnamige Fenster, über das das Projekt anhand der gesetzten Textmarken oder der vorhandenen Tonspuren getrennt voneinander gespeichert werden kann.
Stapelverarbeitung anwenden...	Bietet die Möglichkeit, eine definierte Stapelverarbeitung auf eine oder mehrere Dateien anzuwenden.
Stapelverarbeitung bearbeiten...	Öffnet das gleichnamige Fenster, in dem Sie die Anweisungen für eine Stapelverarbeitung grafisch unterstützt eingeben können.
Seite einrichten...	Öffnet das gleichnamige Fenster, in dem Sie Ihre Druckseite einrichten können.
Drucken...	Öffnet das Fenster *Drucken,* über das Sie verschiedene Druckeinstellungen vornehmen können.
Beenden	Beendet das Programm Audacity.

7.2 Bearbeiten

Menübefehl	Funktion
Rückgängig	Über diesen Menübefehl machen Sie den letzten Arbeitsschritt rückgängig.
Wiederholen	Über diesen Menübefehl wiederholen Sie einen zuvor rückgängig gemachten Arbeitsschritt.
Ausschneiden	Mit dieser Funktion werden die markierten Daten oder Spuren ausgeschnitten und in die Zwischenablage kopiert.
Ausschneiden und trennen	Schneidet den markierten Bereich einer Spur aus und trennt den Clip an den entsprechenden Stellen auf.
Kopieren	Kopiert den markierten Bereich in die Zwischenablage.
Einfügen	Fügt den Inhalt der Zwischenablage ein.
Trimmen	Löscht alle Bereiche, die nicht markiert sind.
Löschen	Löscht die gesamte Spur bzw. den markierten Bereich der Spur.
Löschen und trennen	Löscht den markierten Bereich und trennt die Spur in zwei Clips auf, die nun unabhängig voneinander verschoben werden können.
Auswahl in Stille umwandeln	Wandelt den markierten Bereich in Stille um. Die Spur bleibt dadurch in ihrer Länge unverändert.
Clip trennen	Trennt die Spur in zwei Clips auf, die nun unabhängig voneinander verschoben werden können.
In neue Tonspur verschieben	Schneidet den markierten Bereich aus und verschiebt ihn in eine neue Tonspur, die im gleichen Fenster unterhalb der bereits vorhandenen Spuren angelegt wird.
Clips verbinden	Verbindet die Clips der Tonspur in der aktuellen Position. Evtl. fehlende Bereiche werden mit Stille gefüllt.

Menübefehl	Funktion
Bei Stille trennen	Bietet die Möglichkeit, eine Tonspur automatisch bei Stille zu teilen und so in mehrere Clips aufzuteilen.
In neue Tonspur kopieren	Kopiert den markierten Bereich bzw. komplett markierte Audiospuren in eine neue Tonspur, die unterhalb der bereits bestehenden Tonspuren angelegt wird.
Auswahl in Textspur...	Öffnet ein Untermenü, in dem Sie folgende Funktionen finden: *Ausschneiden, Ausschneiden und Clip trennen, Kopieren, Löschen, Trennen und löschen, In Stille umwandeln, Ausschneiden und Clip trennen, Clips verbinden, Bei Stille trennen.*
Auswählen...	Öffnet ein Untermenü, in dem Sie festlegen, welche Auswahl vorgenommen werden soll. Zur Auswahl stehen *Alles, Nichts, Links vom Cursor bis...* (öffnet das Fenster *Linke Auswahlgrenze*, in dem Sie den Anfangspunkt der Auswahl festlegen), *Rechts vom Cursor bis...* (öffnet das Fenster *Rechte Auswahlgrenze*, in dem Sie den Endpunkt der Auswahl festlegen), *Bis zum Anfang der Spur, Bis zum Ende der Spur.*
Nulldurchgang finden	Findet automatisch Positionen im Audiomaterial, deren Amplitude null ist. Dadurch werden beim Schneiden Störgeräusche vermieden, die durch plötzlich auftretende Änderungen der Amplitude hervorgerufen werden können.
Cursor verschieben...	Dieser Menübefehl hilft dabei, den Cursor exakt auf bestimmte Positionen zu stellen. Wählen Sie im Untermenü zwischen *An den Anfang der Auswahl, Ans Ende der Auswahl, An den Anfang der Spur, Ans Ende der Spur.*
Auswahl speichern	Dieser Befehl bietet die Möglichkeit, eine Auswahl zu speichern und später über den Menübefehl *Auswahl wiederherstellen* abzurufen.
Auswahl wiederherstellen	Stellt eine zuvor gespeicherte Auswahl wieder her.
Im Lineal markierten Bereich	Im Untermenü stehen Ihnen die Befehle *Fixieren* und *Lösen* zur Verfügung. Wählen Sie *Fixieren,* so wird der Doppelpfeil, der die Auswahl anzeigt, in roter Farbe dargestellt und bleibt bspw. auch dann bestehen, wenn Sie die Audiospur darunter verschieben. Der Befehl *Lösen* hebt diese Fixierung auf.

Menübefehl	Funktion
Einstellungen...	Öffnet das Fenster *Audacity Einstellungen*, in dem Sie individuelle Vorgaben machen können. Die möglichen Einstellungen sind in Kapitel 6 ausführlich beschrieben.

7.3 Ansicht

Menübefehl	Funktion
Einzoomen – Vergrößern	Vergrößert die Anzeige der Tonspur. Wählen Sie diese Funktion mehrmals hintereinander, so können Sie schließlich die einzelnen Samples sehen und ggf. bearbeiten.
Kein Zoom – Normal	Zeigt die Tonspur in der Normalansicht.
Auszoomen – Verkleinern	Verkleinert die Anzeige der Tonspur.
Projekt ins Fenster einpassen	Zeigt das ausgewählte Projekt so an, dass es genau in das Anzeigefenster passt.
Spuren vertikal einpassen	Passt die Tonspuren vertikal in das Anzeigefenster ein.
Auswahl ins Fenster einpassen	Passt die Auswahl (Markierung) durch Verkleinern bzw. Vergrößern so an, dass diese genau in das Anzeigefenster passt.
Spuren zusammenfalten	Zeigt die einzelnen Spuren des Fensters in einer platzsparenden vertikalen Miniaturansicht.
Spuren auseinanderfalten	Dieser Befehl wechselt von der Miniaturansicht der Spuren in die Normalansicht.
Verlauf...	Öffnet das Fenster *Rückgängig (Verlauf)*, in dem Sie gezielt einzelne Arbeitsschritte rückgängig machen können.

Menübefehl	Funktion
Werkzeugleisten...	Öffnet ein Untermenü, über das Sie die verschiedenen Werkzeugleisten ein- bzw. ausblenden können. Ein vorangestellter Haken zeigt an, dass die Leiste eingeblendet ist. Über die Funktion *Werkzeugleisten zurücksetzen* werden alle Leisten wieder an ihrem standardmäßig vorgesehenen Platz angezeigt.

7.4 *Spuren*

Menübefehl	Funktion
Neue Spur anlegen...	Öffnet ein Untermenü, in dem Sie die Art der neuen Spur auswählen können. Zur Auswahl stehen *Monospur, Stereospur, Textspur* und *Zeitspur*.
Zeitgesteuerte Aufnahme...	Öffnet das gleichnamige Fenster, über das eine Aufnahme exakt im voraus festgelegt werden kann. Legen Sie den Beginn der Aufnahme sowie das Ende der Aufnahme fest und bestätigen Sie Ihre Angaben über die Schaltfläche *OK*.
Stereo in Mono umwandeln	Erstellt aus der markierten Stereoaufnahme eine Monospur.
Spuren zusammenführen	Führt die markierten Spuren zusammen.
Samplefrequenz der Spur ändern...	Öffnet das Fenster *Samplefrequenz ändern*, in dem Sie die neue Samplefrequenz eingeben können.
Spur(en) entfernen	Dieser Befehl entfernt die markierten Spuren des aktuell geöffneten Fensters.
Tonspur(en) ausrichten...	Öffnet ein Untermenü, in dem Sie zwischen verschiedenen Befehlen wählen können, um die Tonspur auszurichten. Die Bezugspunkte können dabei der Cursor, Anfang oder Ende einer Auswahl bzw. weitere Tonspuren sein.

Menübefehl	Funktion
Cursor ausrichten...	Öffnet ein Untermenü, in dem Sie zwischen verschiedenen Befehlen wählen können, um den Cursor gemeinsam mit der Tonspur auszurichten. Die Bezugspunkte können dabei der Cursor, Anfang oder Ende einer Auswahl bzw. weitere Tonspuren sein.
Textmarke an Cursor/Auswahl hinzufügen	Fügt an die aktuelle Position des Cursors oder einer Auswahl eine Textmarke ein. Falls keine Textspur existiert, wird diese ebenfalls erzeugt.
Textmarke während Wiedergabe hinzufügen	Setzt eine Textmarke auf die aktuelle Position des Cursors.
Textmarken bearbeiten...	Öffnet das gleichnamige Fenster, in dem Sie Textmarken hinzufügen, ändern, importieren und exportieren können.
Spuren sortieren nach...	Öffnet ein Untermenü, in dem Sie zwischen *Beginn* (auf der Zeitleiste) und *Name* wählen können.

7.5 *Erzeugen*

Menübefehl	Funktion
Mehrfrequenz-Tongenerator	Öffnet das Fenster *Mehrfrequenz-Tongenerator*, in dem Sie Mehrfrequenztöne erzeugen können. Geben Sie dazu eine Ziffernfolge in Form von Buchstaben und Zahlen ein, legen Sie die Amplitude (0 – 1,0) und die Ton-Dauer in Sekunden fest.
Rauschen...	Öffnet das Fenster *Rauschgenerator*, in dem Sie drei Arten von Rauschen erzeugen können: *Weißes Rauschen*, *Rosa Rauschen* und *Braunes Rauschen*.
Stille...	Öffnet das Fenster *Stille-Generator*, in dem Sie die Länge der Stille, die erzeugt werden soll, eingeben können. Bestätigen Sie die Eingabe über die Schaltfläche *OK*, so wird die Stille an der aktuellen Cursorposition eingefügt.

Menübefehl	Funktion
Tongenerator (1)...	Öffnet einen Tongenerator, in dem Sie die Parameter für die Erzeugung eines Tons festlegen können. Bestätigen Sie Ihre Eingaben über die Schaltfläche *OK*, so wird der Ton an der aktuellen Cursorposition eingefügt.
Tongenerator (2)...	Öffnet einen erweiterten Tongenerator, in dem es möglich ist, die Frequenz und die Amplitude während der Laufzeit des Tones zu verändern.
Click Track...	Öffnet das gleichnamige Fenster, in dem Sie die Parameter für eine Metronomspur festlegen können.
Pluck...	Imitiert eine gezupfte Gitarrensaite, wobei Sie die Tonhöhe, die Länge und das Ausklingen beeinflussen können.
Risset Drum	Imitiert einen Trommelschlag mit verschiedenen Manipulationsmöglichkeiten.

7.6 *Analyse*

Menübefehl	Funktion
Frequenzanalyse	Bietet eine Frequenzanalyse eines zuvor markierten Audiobereichs. Hierbei stehen Ihnen verschiedene Algorithmen, Größen und Funktionen zur Verfügung sowie die Möglichkeit einer linearen oder logarithmischen Darstellung. Zusätzlich ist das Exportieren der Werte in TXT-Dateien möglich.
Übersteuerungen suchen ...	Öffnet das Fenster *Übersteuerungen suchen*, in dem Sie festlegen können, wie nach Übersteuerungen gesucht werden soll. Geben Sie Ihre Vorgaben ein und starten Sie den Suchvorgang über die Schaltfläche *OK*. Als Ergebnis wird eine Textspur namens *Übersteuerungen* angelegt, die Textmarken an den Stellen der Tonspur enthält, an denen die Aufnahme übersteuert hat.

Menübefehl	Funktion
Beat Finder...	Mit dem *Beat Finder* können Sie Stellen eines Liedes automatisch finden, die Beats enthalten, z. B. Bass-Drum-Schläge. Das funktioniert besonders gut bei sehr rhythmischer Musik wie z. B. Techno-Musik. *Threshold Percentage*, übersetzt etwa Schwellwert-Prozentsatz, gibt dabei die Empfindlichkeit an. Je niedriger der Schwellwert eingestellt ist, desto mehr Beats werden gefunden.
Silence Finder...	Öffnet das gleichnamige Fenster, in dem Sie festlegen, was als Stille zählen soll, um dann nach diesen im markierten Bereich zu suchen. Diese Funktion eignet sich z. B. Gut, um eine aufgenommene Schallplatte automatisch in die einzelnen Lieder zu unterteilen.

7.7 Hilfe

Menübefehl	Funktion
Über Audacity...	Öffnet das gleichnamige Fenster mit zwei Registern. Im Register *Audacity* werden die Version und die wichtigsten Programm-Informationen angezeigt. Zudem werden die verschiedenen Mitarbeiter und Unterstützer vorgestellt. Im Register *GPL-Lizenz* wird die gültige Lizenz in Englisch angezeigt.
Willkommen-Text anzeigen	Öffnet das Fenster *Willkommen bei Audacity*, in dem Ihnen Verknüpfungen zu kurzen Anleitungen, wie Sie eine Audiodatei abspielen, eine Aufnahme starten, eine Audiodatei bearbeiten können etc. zur Verfügung stehen. Zudem finden Sie eine Verknüpfung, über die Sie ein Handbuch für Audacity in verschiedenen Sprachen herunterladen können.
Inhalt...	Falls installiert, wird die Hilfe angezeigt. Ist keine Hilfedatei installiert, werden Ihnen Möglichkeiten angezeigt, eine aktuelle Hilfedatei herunterzuladen oder die Online-Hilfe im Internet zu lesen.
Benchmark ausführen...	Öffnet das Fenster *Benchmark*, in dem Sie die Vorgaben für einen Leistungstest einstellen können. Als Ergebnis wird angegeben, wie viele Spuren Audacity auf Ihrem Rechner

Menübefehl	Funktion
	gleichzeitig abspielen kann.
Soundkarten-Info...	Öffnet das Fenster *Audio Device Info*, in dem Sie nähere Informationen und Leistungsdaten zur Soundkarte erhalten.

8 Download und Installation

Wie oben bereits beschrieben, ist Audacity ein betriebssystemunabhängiges Programm. Das heißt, dass dieses Programm sowohl für Windows, als auch für Mac OS X und Linux erhältlich ist.

Besuchen Sie zum Download die offizielle Internetseite des Projekts unter *http://audacity.sourceforge.net* und wählen Sie die gewünschte Version aus, die Sie herunterladen möchten.

Dabei stehen Ihnen mindestens zwei verschiedene Versionen zur Verfügung. Die in der Versionierung ältere bzw. kleinere Version (zurzeit ist dies die Version 1.2.6), ist die offiziell freigegebene stabile Version für den produktiven Einsatz, während die neuere, als Beta-Version bezeichnete Programmversion noch nicht komplett auf mögliche Fehler getestet wurde und zum Teil auch nicht vollständig übersetzt vorliegt.

Auswahl der Programmversionen.

Zusätzlich haben Sie die Möglichkeit, sich den Quellcode einer bestimmten Version oder den aktuellen Stand einer Programmversion direkt aus dem CVS (Concurrent Versions System) zu laden, um diesen zu kompilieren.

8.1 *Windows*

Audacity können Sie auf Windows 98, ME, 2000, XP und Vista einsetzen. Laden Sie dazu die entsprechende Installationsdatei auf der Internetseite des Projekts herunter, führen Sie einen Doppelklick auf der .exe-Datei aus und der Installationsassistent führt Sie bequem durch die Installation.

Weiterhin finden Sie den LAME MP3 Encoder für die Erstellung von MP3-Dateien, den VST Enabler für die Nutzung der Erweiterungsmodule VST-Effekt-Plugins sowie die entsprechenden Plug-ins.

Beachten Sie, dass Ihre Hardware die folgenden Mindestanforderungen erfüllen sollte:

Eigenschaften	Mindestens		Empfohlen	
Betriebssystem	RAM	CPU	RAM	CPU
98/ME	256 MB	300 MHz	512 MB	500 MHz
2000/XP	512 MB	300 MHz	1 GB	1 GHz
Vista Home Basic	512 MB	1 GHz	2 GB	1 GHz
Vista Home Premium/ Business/Ultimate	1 GB	1 GHz	4 GB	2 GHz

Die empfohlenen Werte gelten dabei für Aufgaben wie:

• Aufnahmen von etwa einer Stunde Dauer oder

• das gleichzeitige Editieren von 3 Spuren mit einer Länge von 20 Minuten.

Wollen Sie hingegen aufwendigere Aufgaben erledigen, so sollten Sie über eine entsprechend bessere Hardwareausstattung verfügen.

8.2 *Mac OS*

Für Mac OS-Betriebssysteme stehen Ihnen auf den oben erwähnten Internet-Seiten ebenfalls verschiedene Versionen zur Verfügung. Die Version 1.00 steht Ihnen auch noch für das Betriebssystem Mac OS 9 zur Verfügung, für das ansonsten die Entwicklung eingestellt wurde. Für die neueren Programmversionen benötigen Sie ein Betriebssystem ab Mac OS X 10.1 bzw. für die Programmversionen ab 1.3.0 ein Betriebssystem ab 10.3 oder höher.

Gehen Sie folgendermaßen vor: Starten Sie die Installation durch einen Doppelklick auf die heruntergeladene .dmg-Datei, so wird ein virtuelles Laufwerk mit dem Namen *audacity-macosx-Versionsnummer* erzeugt. Öffnen Sie dieses Laufwerk wieder per Doppelklick und kopieren Sie alle Dateien in das gewünschte Programmverzeichnis für Audacity (ggf. zuvor einen Ordner anlegen). Werfen Sie danach das virtuelle Laufwerk aus. Beim ersten Programmstart werden alle benötigten Konfigurationsdateien erzeugt.

Audacity erfordert mindestens 64 MB RAM freien Speicher und einen 300 MHz Prozessor und bei aufwendigeren Arbeiten eine entsprechend bessere Hardwareausstattung.

8.3 *Linux*

Bei vielen Linuxdistributionen ist Audacity mittlerweile enthalten, sodass Sie das Programm bequem über Ihren Paket-Manager installieren können. Manchmal handelt es sich dabei jedoch um eine bereits etwas ältere Version. Über die oben aufgeführten Internetseiten finden Sie die Links zu den Paketen für Ihre Distribution. Alternativ können Sie natürlich auch den Quellcode einer Version bzw. den aktuellen Quellcode aus dem CVS herunterladen und das Programm selbst kompilieren.

Die folgende Auflistung zeigt die erforderlichen Software-Komponenten zum Kompilieren des Quellcodes:

- **wxWidgets library**: Ein auf C++ basierendes quelloffenes Framework zur Entwicklung von Programmen mit plattformunabhängigen grafischen Benutzeroberflächen (Graphical user interface oder kurz GUI).

Optional kann noch folgende Software verwendet werden:
- **libmad**: Bibliothek zum Dekodieren von MPEG-Audio und unterstützt MPEG-1- (Layer I, Layer II, und Layer III, der auch als MP3 bekannt ist), MPEG-2- und MPEG-2.5-Formate.
- **Libsndfile**: Eine in C geschriebene Bibliothek zum Lesen und Schreiben von Audio-Dateien der Formate AIFF, AU und WAV. Dabei wird das Lesen und Schreiben von PCM-Dateien in 8, 16, 24, und 32-bit unterstützt sowie 32-bit (floating point)-WAV-Dateien und einige komprimierte Formate.
- **Ogg Vorbis** (libvorbis-dev, libogg-dev): Freier streamingfähiger Codec zur verlustbehafteten Audiodatenkompression. Wurde als Alternative zum sehr verbreiteten, jedoch proprietären MP3-Format entwickelt. Als Dateiendung wird .ogg verwendet. Vorbis ist hierbei der Audio-Encoder. Dieses Format überzeugt im Vergleich zu MPEG-1 Audio Layer III (MP3) durch bessere Qualität bei gleicher oder sogar kleinerer Dateigröße. Leider mangelt es noch an der notwendigen Hardware-Unterstützung durch die Industrie.

Das Kompilieren selbst erfolgt über die so genannten Autotools (autoconf, automake, autoheader, libtool) mit den Befehlen *./configure && make && make install*. Dazu müssen die entsprechenden Compiler wie der g++-Compiler zuvor installiert sein. Gegebenenfalls erhalten Sie eine entsprechende Fehlermeldung, die Sie auf fehlende Software hinweist.

Bekannte Probleme

Im Folgenden wird auf einige bereits bekannte Probleme und deren Lösungen eingegangen. Bei Problemen, die hier nicht behandelt werden, können Sie versuchen über das Internet eine Lösung zu finden. Beachten Sie in diesem Zusammenhang die Internetadressen rund um Audacity, die Sie im Anhang finden.

C compiler cannot create executables

Wenn Sie auf Debian bzw. einer darauf basierenden Linux-Distribution wie Ubuntu, Kubuntu usw. die Meldung *C compiler cannot create executables* erhalten, so sollten Sie als Benutzer root folgende Befehle eingeben:

apt-get update (um die Paket-Listen zu aktualisieren)

apt-get install build-essential make bin86 (installiert die Pakete zum Kompilieren)

Could not find wx-config: is wxWidgets installed?

Unter OpenSuse trat der Fehler auf, dass statt der Datei */usr/bin/wx-config* die Datei */usr/bin/wx-config-2.8* generiert wurde, woraufhin der Computer folgende Meldung generierte: *Could not find wx-config: is wxWidgets installed? Is wx-config in your path?*

In diesem Fall half das Anlegen eines einfachen symbolischen Links über den Befehl *ln -s /usr/bin/wx-config-2.8 /usr/bin/wx-config*, um das Problem zu beheben.

Alles in Englisch!

Ein weiterer bekannter Fehler ist der, dass eine kompilierte Version nur in englischer Sprache geöffnet werden kann und auch über die Einstellungen keine Möglichkeit gegeben ist, eine andere Sprache auszuwählen.

Wechseln Sie in diesem Fall in den Ordner */locale* und starten Sie von dort das Programm. Normalerweise sollten Sie nun die Sprache in den Einstellungen wieder ändern können.

8.4 *MP3-Encoder installieren*

Um die beliebten MP3-Dateien mit Audacity erzeugen zu können, benötigen Sie das Zusatzprogramm LAME MP3 Encoder. Folgen Sie einfach den entsprechenden Links auf der Download-Seite unter dem Punkt *Andere Downloads* und laden Sie den Encoder für Ihr Betriebssystem herunter.

Betriebssystem	Audacity-Version	Name des LAME MP3-Encoders
Windows	alle	libmp3lame-win-3.97.zip
Mac OS X (PPC)	1.2.6	LameLib-Carbon.sit
Mac OS X (Intel)	1.2.6	libmp3lame-osx-universal-3.97.zip
Mac OS X (Intel, PPC)	1.3.3	libmp3lame-osx-universal-3.97.zip
Solaris 10 (SPARC)	alle	lame-3.97.pkg.gz

Nach dem Entpacken des Archivs finden Sie unter anderem die Datei *lame_enc.dll*. Dies ist die Encoder-Datei. Sie können die Datei an einen beliebigen Ort auf die Festplatte kopieren. Beim ersten Export nach MP3 werden Sie lediglich nach dem Speicherort der Encoder-Datei gefragt.

Für die verschiedenen Linux-Distributionen gab es viele verschiedene MP3-Encoder wie Blade, Shine, Audioactive und GoGo-No-Coda, dennoch hat sich auch bei diesen Betriebssystemen Lame als Quasi-Standard aufgrund seiner qualitativen Überlegenheit durchgesetzt.

9 Glossar

AAC steht für „Advanced Audio Coding" und ist ein verlustbehaftetes Kompressionsverfahren und im Prinzip eine Weiterentwicklung des beliebten MP3-Dateiformats. Es entstand in einer Zusammenarbeit des Frauenhofer Instituts mit den Firmen AT&T, Nokia und Sony.

AIFF steht für „Audio Interchange File Format" und ist ein Dateiformat zum Speichern von Audiodaten, wobei keine Datenkompression eingesetzt wird. Es wurde von der Firma Apple entwickelt und wird als Standard-Audioformat auf dem Macintosh eingesetzt. Es ist sozusagen das Pendant zum WAV-Format von Windows und wird mit den Dateiendungen *.aif oder *.aiff gespeichert.

AUP steht für „Audacity-Projekt-Format" und ist das in Audacity intern verwendete, auf XML basierende Datenformat, das von anderen Tonbearbeitungsprogrammen nicht gelesen werden kann. Um eine höchstmögliche Geschwindigkeit beim Lesen und Schreiben dieser Daten zu erreichen, werden die Audiodaten in viele kleine Tondateien aufgeteilt und in einem _data-Ordner gespeichert.

CDDA steht für „Compact Disc Digital Audio" und ist ein optischer Massenspeicher, der gemeinhin einfach CD genannt wird und die vormals gebräuchlichen Schallplatten aus Vinyl ablöste. Die meisten gebräuchlichen CDs besitzen eine Speicherkapazität von ca. 650 bis 800 MB.

FLAC steht für „Free Lossless Audio Codec". Es ist also ein freies und verlustfrei komprimierendes Audioformat. FLAC wird vor allem für das Archivieren von CDs und die Verbreitung freier, nicht kommerzieller Musik eingesetzt. Die Komprimierungsrate bei FLAC erreicht teilweise bis zu 50 Prozent.

GSM steht für „Global Standard for Mobile telecommunications", ist ein Standard zur Kompression von Sprache und wird neben der Telefonie hauptsächlich für Sprachprogramme benutzt.

Latenz ist die Verzögerung, die zwischen Eingabe und Ausgabe eines Signals bei der digitalen Audiobearbeitung auftritt. Verantwortlich ist zum einen die Verarbeitung des Signals durch ein Programm sowie zum anderen der Signalweg als solcher.

Macintosh HCOM ist ein Sample-Format für Macintosh, das mit Huffman-Codierung arbeitet. Hierbei sind 8- bzw. 16 bit-Aufnahmen in mono und stereo möglich.

Maud (Amiga) ist ein IFF-konformes Audioformat, das von der MS MacroSystem Computer GmbH in Zusammenhang mit der „Toccata-Soundkarte" für den Amiga entwickelt wurde.

MIDI steht für „Musical Instrument Digital Interface" und ist die digitale Schnittstelle für Musikinstrumente und Soundkarten. MIDI-Dateien enthalten Steuerdaten für diese Schnittstellen, die sich an vielen Musikinstrumenten und Soundkarten befinden.

MPEG-1 Audio Layer III (MP3) ist mittlerweile das wohl bekannteste proprietäre Audioformat. Es ist ein Dateiformat zur verlustbehafteten Kompression von Audiosignalen, wobei versucht wird, die für den Menschen hörbaren Verluste so gering wie möglich zu halten. Einen Encoder vorausgesetzt, können Sie mit Audacity MP3-Dateien mit Datenraten von 8 bis zu 320 kbps abspeichern.

Musepack oder **MPC** ist ein Dateiformat zur verlustbehafteten Audiokompression. Besonders bei höheren Bitraten ab ca. 160 kbps stellt Musepack andere Formate klanglich in den Schatten, da ab diesem Wert meist eine transparente Musikqualität erreicht wird. Als transparent wird die Musikqualität dann bezeichnet, wenn kein hörbarer Unterschied zwischen Original und komprimierter Datei besteht. Für die qualitativ anspruchsvolle Speicherung ist Musepack damit ein ideales Format. Musepack-Dateien besitzen die Endungen *mpc*, *mpp* oder *mp+*.

Ogg-Vorbis ist ein freies und von Software-Patenten unbeschränktes Open-Source-Projekt zur Kompression von Audio-, Video- und Textdaten in einem Multimedia-Container. Als Dateiendung wird .ogg verwendet. Vorbis ist hierbei der Audio-Encoder. Dieses Format überzeugt im Vergleich zu MPEG-1 Audio Layer III (MP3) durch bessere Qualität bei gleicher oder sogar kleinerer Dateigröße. Leider mangelt es derzeit noch an der notwendigen Hardware-Unterstützung durch die In-dustrie.

Sun AU ist ein von der Firma Sun entwickeltes Format, das als Standard-Audio-format unter Unix und seinen Derivaten gilt. Mit dem sogenannten „logarithmic encoding" ist es möglich, einen höheren Dynamikbereich auf Kosten eines erhöh-ten Rauschanteils abzubilden.

Wave oder WAV ist ein Containerformat, das verlustfreies und unkomprimiertes Speichern von Audiodaten genauso ermöglicht, wie das Speichern von kompri-mierten Audioformaten wie bspw. MP3-Dateien. Häufig nennt man dieses Format auch RIFF-WAV, da in einer WAV-Datei mehrere RIFF-Datenströme codiert wer-den können. RIFF steht für „Resource Interchange File Format", und wurde von Microsoft und IBM entwickelt und findet sich häufig in tragbaren Aufnahmegerä-ten (z. B. in Diktiergeräten).

10 Anhang

Nachfolgend finden Sie eine Auflistung der wichtigsten Adressen im Zusammenhang mit Audacity im Internet:

Offizielle Audacity-Homepage – http://audacity.sourceforge.net

Hier finden Sie die neuesten Programmversionen sowie weiterführende Links zu zusätzlichen Effekten, MP3-Encodern und anderes mehr.

Deutschsprachiges Forum– http://www.audacity-forum.de

Tipps und Informationen rund um Audacity und Audiobearbeitung mit rund 4000 registrierten Mitgliedern. Hier finden Sie auch eine umfangreiche Sammlung von FAQ (*„Frequently asked questions"*, auf deutsch etwa „Häufig gestellte Fragen") in deutscher Sprache.

Audacity-Wiki – http://audacityteam.org/wiki/

Sammlung englischsprachiger Webseiten mit Tipps und Tricks zu Audacity speziell und Audiobearbeitung allgemein, die von den Benutzern nicht nur gelesen, sondern auch online weitergeschrieben werden kann.

Mailingliste – https://lists.sourceforge.net/lists/listinfo/audacity-users

Tragen Sie sich hier in die Mailingliste ein und profitieren Sie von der Möglichkeit, Ihre Fragen in kürzester Zeit von erfahrenen Nutzern beantwortet zu bekommen. Die Mailingliste sollte bevorzugt in englischer Sprache verwendet werden. Bevor Sie jedoch Ihre Fragen stellen, sollten Sie zunächst das Archiv durchsuchen.

Index

Weitere Bücher aus dem bomots-Verlag

iX und Internet Pro empfehlen:

WordPress 2.x kompakt

- 3., akt. und erweiterte Auflage

WordPress ist die Nummer eins unter den Blog-Lösungen. In der Neuauflage unseres Bestsellers, der von der Internet Pro und der iX empfohlen wird, bekommen nun auch weiterführende Themen ihren Platz.

Umfang: 190 Seiten
Preis: 16,80 EUR
ISBN: 978-3-939316-33-6

MacLife empfiehlt:

Mindmapping mit FreeMind

Die Mindmapping-Technik führt zu deutlich mehr Produktivität im Alltag. Wie Sie diese Technik mit dem Open-Source-Programm FreeMind nutzen, zeigt unser Einstieg. Unser Standardwerk zeigt Ihnen, wie Sie mit dem Programm arbeiten.

Umfang: ca. 220 Seiten
Preis: 14,80 EUR
ISBN: 3-939316-16-4

Linux User und Linux intern empfehlen:

Webmin kompakt

Webmin ist der Klassiker unter den Admi-nistrationswerkzeugen für Linux-Systeme. In der stark erweiterten Neuauflage unse-res Klassikers zeigen wir Ihnen, wie Sie mit Webmin 1.3.x erfolgreich arbeiten.

Umfang: 423 Seiten
Preis: 24,80 EUR
ISBN: 978-3-939316-10-7

T3N empfiehlt:

**Guerilla-Marketing mit
Open-Source-Tools**

Unternehmen mit kleinen Budgets müssen Wege suchen, wie sie durch geschicktes Agieren Neukunden, Multiplikatoren etc. für sich gewinnen. In diesem Buch werden die wichtigsten Ansätze und deren prakti-sche Umsetzung beschrieben.

Umfang: ca. 260 Seiten
Preis: 19,80 EUR
ISBN: 978-3-939316-29-9

Der Linux-User-Buchtipp:

IPCop kompakt

- das Administrator- und Anwenderhand-buch

IPCop-Guru Marco Sondermann lässt Sie an seiner jahrelangen Erfahrung teilhaben und verrät Ihnen, wie Sie IPCop professio-nell nutzen.

Umfang: 340 Seiten
Preis: 24,80 EUR
ISBN: 978-3-939316-41-1

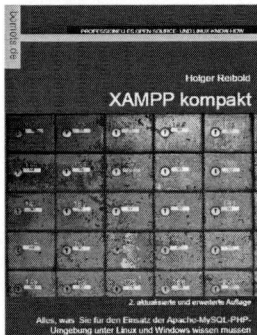

iX empfiehlt:

XAMPP kompakt

(2., akt. u. erw. Auflage)

Mithilfe von XAMPP lässt sich mit minimalem Aufwand eine Apache-MySQL-Perl-PHP-Umgebung aufsetzen. Unser aktualisiertes und erweitertes Anwenderhandbuch zeigt, was Sie dafür wissen sollten.

Umfang: 250 Seiten
Preis: 19,80 EUR
ISBN: 978-3-939316-35-0

Eee PC kompakt

Der ASUS Eee PC ist mehr als nur ein nettes Klein-Notebook. Unser Handbuch führt Sie in die Nutzung des Systems ein und zeigt Ihnen, wie Sie den Eee PC optimal einsetzen. Uns interessieren weniger die vielen Anwendungsprogramme, sondern vielmehr sein Innenleben und die optimale Konfiguration.

Umfang: ca. 300 Seiten
Preis: ca. 19,80 EUR
ISBN: 978-3-939316-47-3
erscheint ca. 3. Quartal 2008